ESPANHOL
VOCABULÁRIO

PORTUGUÊS BRASILEIRO

PORTUGUÊS
ESPANHOL

Para alargar o seu léxico e apurar
as suas competências linguísticas

5000 palavras

Vocabulário Português Brasileiro-Espanhol - 5000 palavras

Por Andrey Taranov

Os vocabulários da T&P Books destinam-se a ajudar a aprender, a memorizar, e a rever palavras estrangeiras. O dicionário é dividido em temas, cobrindo todas as principais esferas de atividades quotidianas, negócios, ciência, cultura, etc.

O processo de aprendizagem, utilizando os dicionários baseados em temáticas da T&P Books dá-lhe as seguintes vantagens:

- Informação de origem corretamente agrupada predetermina o sucesso em fases subsequentes da memorização de palavras
- Disponibilização de palavras derivadas da mesma raiz, o que permite a memorização de unidades de texto (em vez de palavras separadas)
- Pequenas unidades de palavras facilitam o processo de estabelecimento de vínculos associativos necessários para a consolidação do vocabulário
- O nível de conhecimento da língua pode ser estimado pelo número de palavras aprendidas

T&P Books Publishing
www.tpbooks.com

ISBN: 978-1-78767-373-1

Este livro também está disponível em formato E-book.
Por favor visite www.tpbooks.com ou as principais livrarias on-line.

VOCABULÁRIO ESPANHOL
palavras mais úteis

Os vocabulários da T&P Books destinam-se a ajudar a aprender, a memorizar, e a rever palavras estrangeiras. O vocabulário contém mais de 5000 palavras de uso comum organizadas tematicamente.

O vocabulário contém as palavras mais comummente usadas
Recomendado como adicional para qualquer curso de línguas
Satisfaz as necessidades dos iniciados e dos alunos avançados de línguas estrangeiras
Conveniente para o uso diário, sessões de revisão e atividades de auto-teste
Permite avaliar o seu vocabulário

Características especias do vocabulário

• As palavras estão organizadas de acordo com o seu significado, e não por ordem alfabética
• As palavras são apresentadas em três colunas para facilitar os processos de revisão e auto-teste
• As palavras compostas são divididas em pequenos blocos para facilitar o processo de aprendizagem
• O vocabulário oferece uma transcrição simples e adequada de cada palavra estrangeira

O vocabulário contém 155 tópicos incluindo:

Conceitos básicos, Números, Cores, Meses, Estações do ano, Unidades de medida, Roupas & Acessórios, Alimentos & Nutrição, Restaurante, Membros da Família, Parentes, Caráter, Sentimentos, Emoções, Doenças, Cidade, Passeios, Compras, Dinheiro, Casa, Lar, Escritório, Trabalho no Escritório, Importação & Exportação, Marketing, Pesquisa de Emprego, Esportes, Educação, Computador, Internet, Ferramentas, Natureza, Países, Nacionalidades e muito mais ...

TABELA DE CONTEÚDOS

GUIA DE PRONUNCIAÇÃO

Alfabeto fonético T&P	Exemplo Espanhol	Exemplo Português
[a]	grado	chamar
[e]	mermelada	metal
[i]	física	sinônimo
[o]	tomo	lobo
[u]	cubierta	bonita
[b]	baño, volar	barril
[β]	abeja	sábado
[d]	dicho	dentista
[ð]	tirada	[z] - fricativa dental sonora não-sibilante
[f]	flauta	safári
[dʒ]	azerbaidzhano	adjetivo
[g]	gorro	gosto
[ɣ]	negro	agora
[j]	botella	Vietnã
[k]	tabaco	aquilo
[l]	arqueólogo	libra
[lʲ]	novela	ralho
[m]	mosaico	magnólia
[m]	confitura	[m] nasal
[n]	camino	natureza
[ŋ]	blanco	alcançar
[p]	zapatero	presente
[r]	sabroso	riscar
[s]	asesor	sanita
[θ]	lápiz	[s] - fricativa dental surda não-sibilante
[t]	estatua	tulipa
[tʃ]	lechuza	Tchau!
[v]	Kiev	fava
[x]	dirigir	fricativa uvular surda
[z]	esgrima	sésamo
[ʃ]	sheriff	mês
[w]	whisky	página web
[']	[re'loχ]	acento principal
[·]	[aβre·'lʲatas]	ponto mediano

ABREVIATURAS
usadas no vocabulário

Abreviaturas do Português

adj	-	adjetivo
adv	-	advérbio
anim.	-	animado
conj.	-	conjunção
desp.	-	esporte
etc.	-	Etcetera
ex.	-	por exemplo
f	-	nome feminino
f pl	-	feminino plural
fem.	-	feminino
inanim.	-	inanimado
m	-	nome masculino
m pl	-	masculino plural
m, f	-	masculino, feminino
masc.	-	masculino
mat.	-	matemática
mil.	-	militar
pl	-	plural
prep.	-	preposição
pron.	-	pronome
sb.	-	sobre
sing.	-	singular
v aux	-	verbo auxiliar
vi	-	verbo intransitivo
vi, vt	-	verbo intransitivo, transitivo
vr	-	verbo reflexivo
vt	-	verbo transitivo

Abreviaturas do Espanhol

adj	-	adjetivo
adv	-	advérbio
f	-	nome feminino
f pl	-	feminino plural
fam.	-	familiar
m	-	nome masculino
m pl	-	masculino plural
m, f	-	masculino, feminino

n	-	neutro
pl	-	plural
v aux	-	verbo auxiliar
vi	-	verbo intransitivo
vi, vt	-	verbo intransitivo, transitivo
vr	-	verbo reflexivo
vt	-	verbo transitivo

CONCEITOS BÁSICOS

Conceitos básicos. Parte 1

1. Pronomes

eu	yo	[jo]
você	tú	[tu]
ele	él	[elʲ]
ela	ella	['eja]
nós (masc.)	nosotros	[no'sotros]
nós (fem.)	nosotras	[no'sotras]
vocês (masc.)	vosotros	[bo'sotros]
vocês (fem.)	vosotras	[bo'sotras]
o senhor, -a	Usted	[us'teð]
senhores, -as	Ustedes	[us'teðes]
eles	ellos	['ejos]
elas	ellas	['ejas]

2. Cumprimentos. Saudações. Despedidas

Oi!	¡Hola!	['olʲa]
Olá!	¡Hola!	['olʲa]
Bom dia!	¡Buenos días!	['buenos 'dias]
Boa tarde!	¡Buenas tardes!	['buenas 'tarðes]
Boa noite!	¡Buenas noches!	['buenas 'notʃes]
cumprimentar (vt)	decir hola	[de'θir 'olʲa]
Oi!	¡Hola!	['olʲa]
saudação (f)	saludo (m)	[sa'lʲuðo]
saudar (vt)	saludar (vt)	[salʲu'ðar]
Tudo bem?	¿Cómo estás?	['komo es'tas]
E aí, novidades?	¿Qué hay de nuevo?	[ke aj de nu'eβo]
Tchau!	¡Adiós!	[a'ðjos]
Até logo!	¡Hasta la vista!	['asta lʲa 'bista]
Até breve!	¡Hasta pronto!	['asta 'pronto]
Adeus!	¡Adiós!	[a'ðjos]
despedir-se (dizer adeus)	despedirse (vr)	[despe'ðirse]
Até mais!	¡Hasta luego!	['asta lʲu'ego]
Obrigado! -a!	¡Gracias!	['graθias]
Muito obrigado! -a!	¡Muchas gracias!	['mutʃas 'graθias]
De nada	De nada	[de 'naða]
Não tem de quê	No hay de qué	[no aj de 'ke]

Não foi nada!	De nada	[de 'naða]
Desculpa!	¡Disculpa!	[dis'kulʲpa]
Desculpe!	¡Disculpe!	[dis'kulʲpe]
desculpar (vt)	disculpar (vt)	[diskulʲ'par]
desculpar-se (vr)	disculparse (vr)	[diskulʲ'parse]
Me desculpe	Mis disculpas	[mis dis'kulʲpas]
Desculpe!	¡Perdóneme!	[per'ðoneme]
perdoar (vt)	perdonar (vt)	[perðo'nar]
Não faz mal	¡No pasa nada!	[no 'pasa 'naða]
por favor	por favor	[por fa'βor]
Não se esqueça!	¡No se le olvide!	[no se le olʲ'βiðe]
Com certeza!	¡Ciertamente!	[θjerta'mento]
Claro que não!	¡Claro que no!	['klʲaro ke 'no]
Está bem! De acordo!	¡De acuerdo!	[de aku'erðo]
Chega!	¡Basta!	['basta]

3. Como se dirigir a alguém

Desculpe ,,,	¡Perdóneme!	[per'ðoneme]
senhor	señor	[se'njor]
senhora	señora	[se'njora]
senhorita	señorita	[senjo'rita]
jovem	joven	['χoβen]
menino	niño	['ninjo]
menina	niña	['ninja]

4. Números cardinais. Parte 1

zero	cero	['θero]
um	uno	['uno]
dois	dos	[dos]
três	tres	[tres]
quatro	cuatro	[ku'atro]
cinco	cinco	['θiŋko]
seis	seis	['sejs]
sete	siete	['sjete]
oito	ocho	['otʃo]
nove	nueve	[nu'eβe]
dez	diez	[djeθ]
onze	once	['onθe]
doze	doce	['doθe]
treze	trece	['treθe]
catorze	catorce	[ka'torθe]
quinze	quince	['kinθe]
dezesseis	dieciséis	['djeθi·'sejs]
dezessete	diecisiete	['djeθi·'sjete]
dezoito	dieciocho	['djeθi·'otʃo]

dezenove	**diecinueve**	['djeθi·nu'eβe]
vinte	**veinte**	['bejnte]
vinte e um	**veintiuno**	['bejnti·'uno]
vinte e dois	**veintidós**	['bejnti·'dos]
vinte e três	**veintitrés**	['bejnti·'tres]
trinta	**treinta**	['trejnta]
trinta e um	**treinta y uno**	['trejnta i 'uno]
trinta e dois	**treinta y dos**	['trejnta i 'dos]
trinta e três	**treinta y tres**	['trejnta i 'tres]
quarenta	**cuarenta**	[kua'renta]
quarenta e um	**cuarenta y uno**	[kua'renta i 'uno]
quarenta e dois	**cuarenta y dos**	[kua'renta i 'dos]
quarenta e três	**cuarenta y tres**	[kua'renta i 'tres]
cinquenta	**cincuenta**	[θiŋku'enta]
cinquenta e um	**cincuenta y uno**	[θiŋku'enta i 'uno]
cinquenta e dois	**cincuenta y dos**	[θiŋku'enta i 'dos]
cinquenta e três	**cincuenta y tres**	[θiŋku'enta i 'tres]
sessenta	**sesenta**	[se'senta]
sessenta e um	**sesenta y uno**	[se'senta i 'uno]
sessenta e dois	**sesenta y dos**	[se'senta i 'dos]
sessenta e três	**sesenta y tres**	[se'senta i 'tres]
setenta	**setenta**	[se'tenta]
setenta e um	**setenta y uno**	[se'tenta i 'uno]
setenta e dois	**setenta y dos**	[se'tenta i 'dos]
setenta e três	**setenta y tres**	[se'tenta i 'tres]
oitenta	**ochenta**	[o'ʧenta]
oitenta e um	**ochenta y uno**	[o'ʧenta i 'uno]
oitenta e dois	**ochenta y dos**	[o'ʧenta i 'dos]
oitenta e três	**ochenta y tres**	[o'ʧenta i 'tres]
noventa	**noventa**	[no'βenta]
noventa e um	**noventa y uno**	[no'βenta i 'uno]
noventa e dois	**noventa y dos**	[no'βenta i 'dos]
noventa e três	**noventa y tres**	[no'βenta i 'tres]

5. Números cardinais. Parte 2

cem	**cien**	[θjen]
duzentos	**doscientos**	[doθ·'θjentos]
trezentos	**trescientos**	[treθ·'θjentos]
quatrocentos	**cuatrocientos**	[ku'atro·'θjentos]
quinhentos	**quinientos**	[ki'njentos]
seiscentos	**seiscientos**	[sejs·'θjentos]
setecentos	**setecientos**	[θete·'θjentos]
oitocentos	**ochocientos**	[oʧo·'θjentos]
novecentos	**novecientos**	[noβe·'θjentos]
mil	**mil**	[milʲ]

dois mil	dos mil	[dos 'miʎ]
três mil	tres mil	[tres 'miʎ]
dez mil	diez mil	[djeθ 'miʎ]
cem mil	cien mil	[θjen 'miʎ]
um milhão	millón (m)	[mi'jon]
um bilhão	mil millones	[miʎ mi'jones]

6. Números ordinais

primeiro (adj)	primero (adj)	[pri'mero]
segundo (adj)	segundo (adj)	[se'gundo]
terceiro (adj)	tercero (adj)	[ter'θero]
quarto (adj)	cuarto (adj)	[ku'arto]
quinto (adj)	quinto (adj)	['kinto]
sexto (adj)	sexto (adj)	['seksto]
sétimo (adj)	séptimo (adj)	['septimo]
oitavo (adj)	octavo (adj)	[ok'taβo]
nono (adj)	noveno (adj)	[no'βeno]
décimo (adj)	décimo (adj)	['deθimo]

7. Números. Frações

fração (f)	fracción (f)	[frak'θjon]
um meio	un medio	[un 'meðio]
um terço	un tercio	[un 'terθio]
um quarto	un cuarto	[un ku'arto]
um oitavo	un octavo	[un ok'taβo]
um décimo	un décimo	[un 'deθimo]
dois terços	dos tercios	[dos 'terθjos]
três quartos	tres cuartos	[tres ku'artos]

8. Números. Operações básicas

subtração (f)	sustracción (f)	[sustrak'θjon]
subtrair (vi, vt)	sustraer (vt)	[sustra'er]
divisão (f)	división (f)	[diβi'θjon]
dividir (vt)	dividir (vt)	[diβi'ðir]
adição (f)	adición (f)	[aði'θjon]
somar (vt)	sumar (vt)	[su'mar]
adicionar (vt)	adicionar (vt)	[aðiθjo'nar]
multiplicação (f)	multiplicación (f)	[mulʲtiplika'θjon]
multiplicar (vt)	multiplicar (vt)	[mulʲtipli'kar]

9. Números. Diversos

| algarismo, dígito (m) | cifra (f) | ['θifra] |
| número (m) | número (m) | ['numero] |

numeral (m)	numeral (m)	[nume'ralʲ]
menos (m)	menos (m)	['menos]
mais (m)	más (m)	[mas]
fórmula (f)	fórmula (f)	['formulʲa]
cálculo (m)	cálculo (m)	['kalʲkulʲo]
contar (vt)	contar (vt)	[kon'tar]
calcular (vt)	calcular (vt)	[kalʲku'lʲar]
comparar (vt)	comparar (vt)	[kompa'rar]
Quanto, -os, -as?	¿Cuánto?	[ku'anto]
soma (f)	suma (f)	['suma]
resultado (m)	resultado (m)	[resulʲ'taðo]
resto (m)	resto (m)	['resto]
alguns, algumas ...	algunos, algunas ...	[alʲ'gunos], [alʲ'gunas]
pouco (~ tempo)	poco, poca	['poko], ['poka]
resto (m)	resto (m)	['resto]
um e meio	uno y medio	['uno i 'meðio]
dúzia (f)	docena (f)	[do'θena]
ao meio	en dos	[en 'dos]
em partes iguais	en partes iguales	[en 'partes igu'ales]
metade (f)	mitad (f)	[mi'tað]
vez (f)	vez (f)	[beθ]

10. Os verbos mais importantes. Parte 1

abrir (vt)	abrir (vt)	[a'βrir]
acabar, terminar (vt)	acabar, terminar (vt)	[aka'βar], [termi'nar]
aconselhar (vt)	aconsejar (vt)	[akonse'χar]
adivinhar (vt)	adivinar (vt)	[aðiβi'nar]
advertir (vt)	advertir (vt)	[aðβer'tir]
ajudar (vt)	ayudar (vt)	[aju'ðar]
almoçar (vi)	almorzar (vi)	[alʲmor'θar]
alugar (~ um apartamento)	alquilar (vt)	[alʲki'lʲar]
amar (pessoa)	querer, amar (vt)	[ke'rer], [a'mar]
ameaçar (vt)	amenazar (vt)	[amena'θar]
anotar (escrever)	tomar nota	[to'mar 'nota]
apressar-se (vr)	tener prisa	[te'ner 'prisa]
arrepender-se (vr)	arrepentirse (vr)	[arepen'tirse]
assinar (vt)	firmar (vt)	[fir'mar]
brincar (vi)	bromear (vi)	[brome'ar]
brincar, jogar (vi, vt)	jugar (vi)	[χu'gar]
buscar (vt)	buscar (vt)	[bus'kar]
caçar (vi)	cazar (vi, vt)	[ka'θar]
cair (vi)	caer (vi)	[ka'er]
cavar (vt)	cavar (vt)	[ka'βar]
chamar (~ por socorro)	llamar (vt)	[ja'mar]
chegar (vi)	llegar (vi)	[je'gar]

chorar (vi)	llorar (vi)	[jo'rar]
começar (vt)	comenzar (vi, vt)	[komen'θar]
comparar (vt)	comparar (vt)	[kompa'rar]
concordar (dizer "sim")	estar de acuerdo	[es'tar de aku'erðo]

confiar (vt)	confiar (vt)	[kom'fjar]
confundir (equivocar-se)	confundir (vt)	[komfun'dir]
conhecer (vt)	conocer (vt)	[kono'θer]
contar (fazer contas)	contar (vt)	[kon'tar]
contar com ...	contar con ...	[kon'tar kon]
continuar (vt)	continuar (vt)	[kontinu'ar]

controlar (vt)	controlar (vt)	[kontro'lʲar]
convidar (vt)	invitar (vt)	[imbi'tar]
correr (vi)	correr (vi)	[ko'rer]
criar (vt)	crear (vt)	[kre'ar]
custar (vt)	costar (vt)	[kos'tar]

11. Os verbos mais importantes. Parte 2

dar (vt)	dar (vt)	[dar]
dar uma dica	dar una pista	[dar 'una 'pista]
decorar (enfeitar)	decorar (vt)	[deko'rar]
defender (vt)	defender (vt)	[defen'der]
deixar cair (vt)	dejar caer	[de'χar ka'er]

descer (para baixo)	descender (vi)	[deθen'der]
desculpar (vt)	disculpar (vt)	[diskulʲ'par]
dirigir (~ uma empresa)	dirigir (vt)	[diri'χir]
discutir (notícias, etc.)	discutir (vt)	[disku'tir]

disparar, atirar (vi)	tirar, disparar (vi)	[ti'rar], [dispa'rar]
dizer (vt)	decir (vt)	[de'θir]
duvidar (vt)	dudar (vt)	[du'ðar]
encontrar (achar)	encontrar (vt)	[eŋkon'trar]
enganar (vt)	engañar (vi, vt)	[enga'njar]

entender (vt)	comprender (vt)	[kompren'der]
entrar (na sala, etc.)	entrar (vi)	[en'trar]
enviar (uma carta)	enviar (vt)	[em'bjar]
errar (enganar-se)	equivocarse (vr)	[ekiβo'karse]
escolher (vt)	escoger (vt)	[esko'χer]

esconder (vt)	esconder (vt)	[eskon'der]
escrever (vt)	escribir (vt)	[eskri'βir]
esperar (aguardar)	esperar (vt)	[espe'rar]
esperar (ter esperança)	esperar (vi)	[espe'rar]
esquecer (vt)	olvidar (vt)	[olʲβi'ðar]

estar (vi)	estar (vi)	[es'tar]
estudar (vt)	estudiar (vt)	[estu'ðjar]
exigir (vt)	exigir (vt)	[eksi'χir]
existir (vi)	existir (vi)	[eksis'tir]
explicar (vt)	explicar (vt)	[ekspli'kar]

falar (vi)	**hablar** (vi, vt)	[a'βlʲar]
faltar (a la escuela, etc.)	**faltar a ...**	[falʲ'tar a]
fazer (vt)	**hacer** (vt)	[a'θer]
ficar em silêncio	**callarse** (vr)	[ka'jarse]
gabar-se (vr)	**jactarse, alabarse** (vr)	[χas'tarse], [alʲa'βarse]

gostar (apreciar)	**gustar** (vi)	[gus'tar]
gritar (vi)	**gritar** (vi)	[gri'tar]
guardar (fotos, etc.)	**guardar** (vt)	[guar'ðar]
informar (vt)	**informar** (vt)	[iɱfor'mar]
insistir (vi)	**insistir** (vi)	[insis'tir]

insultar (vt)	**insultar** (vt)	[insulʲ'tar]
interessar-se (vr)	**interesarse** (vr)	[intere'sarse]
ir (a pé)	**ir** (vi)	[ir]
ir nadar	**bañarse** (vr)	[ba'njarse]
jantar (vi)	**cenar** (vi)	[θe'nar]

12. Os verbos mais importantes. Parte 3

ler (vt)	**leer** (vi, vt)	[le'er]
libertar, liberar (vt)	**liberar** (vt)	[liβe'rar]
matar (vt)	**matar** (vt)	[ma'tar]
mencionar (vt)	**mencionar** (vt)	[menθjo'nar]
mostrar (vt)	**mostrar** (vt)	[mos'trar]

mudar (modificar)	**cambiar** (vt)	[kam'bjar]
nadar (vi)	**nadar** (vi)	[na'ðar]
negar-se a ... (vr)	**negarse** (vr)	[ne'garse]
objetar (vt)	**objetar** (vt)	[oβχe'tar]

observar (vt)	**observar** (vt)	[oβser'βar]
ordenar (mil.)	**ordenar** (vt)	[orðe'nar]
ouvir (vt)	**oír** (vt)	[o'ir]
pagar (vt)	**pagar** (vi, vt)	[pa'gar]
parar (vi)	**pararse** (vr)	[pa'rarse]

parar, cessar (vt)	**cesar** (vt)	[θe'sar]
participar (vi)	**participar** (vi)	[partiθi'par]
pedir (comida, etc.)	**pedir** (vt)	[pe'ðir]
pedir (um favor, etc.)	**pedir** (vt)	[pe'ðir]
pegar (tomar)	**tomar** (vt)	[to'mar]

pegar (uma bola)	**coger** (vt)	[ko'χer]
pensar (vi, vt)	**pensar** (vi, vt)	[pen'sar]
perceber (ver)	**percibir** (vt)	[perθi'βir]
perdoar (vt)	**perdonar** (vt)	[perðo'nar]
perguntar (vt)	**preguntar** (vt)	[pregun'tar]

permitir (vt)	**permitir** (vt)	[permi'tir]
pertencer a ... (vi)	**pertenecer a ...**	[pertene'θer a]
planejar (vt)	**planear** (vt)	[plʲane'ar]
poder (~ fazer algo)	**poder** (v aux)	[po'ðer]
possuir (uma casa, etc.)	**poseer** (vt)	[pose'er]

preferir (vt)	preferir (vt)	[prefe'rir]
preparar (vt)	preparar (vt)	[prepa'rar]
prever (vt)	prever (vt)	[pre'βer]
prometer (vt)	prometer (vt)	[prome'ter]
pronunciar (vt)	pronunciar (vt)	[pronun'θjar]
propor (vt)	proponer (vt)	[propo'ner]
punir (castigar)	punir, castigar (vt)	[pu'nir], [kasti'gar]
quebrar (vt)	quebrar (vt)	[ke'βrar]
queixar-se de …	quejarse (vr)	[ke'χarse]
querer (desejar)	querer (vt)	[ke'rer]

13. Os verbos mais importantes. Parte 4

ralhar, repreender (vt)	regañar, reprender (vt)	[rega'njar], [repren'der]
recomendar (vt)	recomendar (vt)	[rekomen'dar]
repetir (dizer outra vez)	repetir (vt)	[repe'tir]
reservar (~ um quarto)	reservar (vt)	[reser'βar]
responder (vt)	responder (vi, vt)	[respon'der]
rezar, orar (vi)	orar (vi)	[o'rar]
rir (vi)	reírse (vr)	[re'irse]
roubar (vt)	robar (vt)	[ro'βar]
saber (vt)	saber (vt)	[sa'βer]
sair (~ de casa)	salir (vi)	[sa'lir]
salvar (resgatar)	salvar (vt)	[salʲ'βar]
seguir (~ alguém)	seguir …	[se'gir]
sentar-se (vr)	sentarse (vr)	[sen'tarse]
ser (vi)	ser (vi)	[ser]
ser necessário	ser necesario	[ser neθe'sario]
ser, estar	ser, estar (vi)	[ser], [es'tar]
significar (vt)	significar (vt)	[siɣnifi'kar]
sorrir (vi)	sonreír (vi)	[sonre'ir]
subestimar (vt)	subestimar (vt)	[suβesti'mar]
surpreender-se (vr)	sorprenderse (vr)	[sorpren'derse]
tentar (~ fazer)	probar, tentar (vt)	[pro'βar], [ten'tar]
ter (vt)	tener (vt)	[te'ner]
ter fome	tener hambre	[te'ner 'ambre]
ter medo	tener miedo	[te'ner 'mjeðo]
ter sede	tener sed	[te'ner 'seð]
tocar (com as mãos)	tocar (vt)	[to'kar]
tomar café da manhã	desayunar (vi)	[desaju'nar]
trabalhar (vi)	trabajar (vi)	[traβa'χar]
traduzir (vt)	traducir (vt)	[traðu'θir]
unir (vt)	unir (vt)	[u'nir]
vender (vt)	vender (vt)	[ben'der]
ver (vt)	ver (vt)	[ber]
virar (~ para a direita)	girar (vi)	[χi'rar]
voar (vi)	volar (vi)	[bo'lʲar]

14. Cores

cor (f)	color (m)	[ko'ʎor]
tom (m)	matiz (m)	[ma'tiθ]
tonalidade (m)	tono (m)	['tono]
arco-íris (m)	arco (m) iris	['arko 'iris]
branco (adj)	blanco (adj)	['bʎaŋko]
preto (adj)	negro (adj)	['neɣro]
cinza (adj)	gris (adj)	['gris]
verde (adj)	verde (adj)	['berðe]
amarelo (adj)	amarillo (adj)	[ama'rijo]
vermelho (adj)	rojo (adj)	['roχo]
azul (adj)	azul (adj)	[a'θuʎ]
azul claro (adj)	azul claro (adj)	[a'θuʎ 'kʎaro]
rosa (adj)	rosa (adj)	['rosa]
laranja (adj)	naranja (adj)	[na'ranχa]
violeta (adj)	violeta (adj)	[bio'leta]
marrom (adj)	marrón (adj)	[ma'ron]
dourado (adj)	dorado (adj)	[do'raðo]
prateado (adj)	argentado (adj)	[arχen'taðo]
bege (adj)	beige (adj)	['bejʒ]
creme (adj)	crema (adj)	['krema]
turquesa (adj)	turquesa (adj)	[tur'kesa]
vermelho cereja (adj)	rojo cereza (adj)	['roχo θe'reθa]
lilás (adj)	lila (adj)	['liʎa]
carmim (adj)	carmesí (adj)	[karme'si]
claro (adj)	claro (adj)	['kʎaro]
escuro (adj)	oscuro (adj)	[os'kuro]
vivo (adj)	vivo (adj)	['biβo]
de cor	de color (adj)	[de ko'ʎor]
a cores	en colores (adj)	[en ko'ʎores]
preto e branco (adj)	blanco y negro (adj)	['bʎaŋko i 'neɣro]
unicolor (de uma só cor)	unicolor (adj)	[uniko'ʎor]
multicolor (adj)	multicolor (adj)	[muʎtiko'ʎor]

15. Questões

Quem?	¿Quién?	['kjen]
O que?	¿Qué?	[ke]
Onde?	¿Dónde?	['donde]
Para onde?	¿Adónde?	[a'ðonde]
De onde?	¿De dónde?	[de 'donde]
Quando?	¿Cuándo?	[ku'ando]
Para quê?	¿Para qué?	[para 'ke]
Por quê?	¿Por qué?	[por 'ke]
Para quê?	¿Por qué razón?	[por ke ra'θon]

Como?	¿Cómo?	['komo]
Qual (~ é o problema?)	¿Qué?	[ke]
Qual (~ deles?)	¿Cuál?	[ku'alʲ]

A quem?	¿A quién?	[a 'kjen]
De quem?	¿De quién?	[de 'kjen]
Do quê?	¿De qué?	[de 'ke]
Com quem?	¿Con quién?	[kon 'kjen]

| Quanto, -os, -as? | ¿Cuánto? | [ku'anto] |
| De quem? (masc.) | ¿De quién? | [de 'kjen] |

16. Preposições

com (prep.)	con ...	[kon]
sem (prep.)	sin	[sin]
a, para (exprime lugar)	a ...	[a]
sobre (ex. falar ~)	de ..., sobre ...	[de], ['soβre]
antes de ...	antes de ...	['antes de]
em frente de ...	delante de ...	[de'lʲante de]

debaixo de ...	debajo	[de'βaχo]
sobre (em cima de)	sobre ..., encima de ...	['soβre], [en'θima de]
em ..., sobre ...	en ..., sobre ...	[en], ['soβre]
de, do (sou ~ Rio de Janeiro)	de ...	[de]
de (feito ~ pedra)	de ...	[de]

| em (~ 3 dias) | dentro de ... | ['dentro de] |
| por cima de ... | encima de ... | [en'θima de] |

17. Palavras funcionais. Advérbios. Parte 1

Onde?	¿Dónde?	['donde]
aqui	aquí (adv)	[a'ki]
lá, ali	allí (adv)	[a'ji]

| em algum lugar | en alguna parte | [en alʲ'guna 'parte] |
| em lugar nenhum | en ninguna parte | [en nin'guna 'parte] |

| perto de ... | junto a ... | ['χunto a] |
| perto da janela | junto a la ventana | ['χunto a lʲa ben'tana] |

Para onde?	¿Adónde?	[a'ðonde]
aqui	aquí (adv)	[a'ki]
para lá	allí (adv)	[a'ji]
daqui	de aquí (adv)	[de a'ki]
de lá, dali	de allí (adv)	[de a'ji]

perto	cerca	['θerka]
longe	lejos (adv)	['leχos]
perto de ...	cerca de ...	['θerka de]
à mão, perto	al lado de ...	[alʲ 'lʲaðo de]

não fica longe	no lejos (adv)	[no 'leχos]
esquerdo (adj)	izquierdo (adj)	[iθ'kjerðo]
à esquerda	a la izquierda	[a lʲa iθ'kjerða]
para a esquerda	a la izquierda	[a lʲa iθ'kjerða]

direito (adj)	derecho (adj)	[de'retʃo]
à direita	a la derecha	[a lʲa de'retʃa]
para a direita	a la derecha	[a lʲa de'retʃa]

em frente	delante	[de'lʲante]
da frente	delantero (adj)	[delʲan'tero]
adiante (para a frente)	adelante	[aðe'lʲante]

atrás de ...	detrás de ...	[de'tras de]
de trás	desde atrás	['desðe a'tras]
para trás	atrás	[a'tras]

| meio (m), metade (f) | centro (m), medio (m) | ['θentro], ['meðio] |
| no meio | en medio (adv) | [en 'meðio] |

do lado	de lado (adv)	[de 'lʲaðo]
em todo lugar	en todas partes	[en 'toðas 'partes]
por todos os lados	alrededor (adv)	[alʲreðe'ðor]

de dentro	de dentro (adv)	[de 'dentro]
para algum lugar	a alguna parte	[a alʲ'guna 'parte]
diretamente	todo derecho (adv)	['toðo de'retʃo]
de volta	atrás	[a'tras]

| de algum lugar | de alguna parte | [de alʲ'guna 'parte] |
| de algum lugar | de alguna parte | [de alʲ'guna 'parte] |

em primeiro lugar	primero (adv)	[pri'mero]
em segundo lugar	segundo (adv)	[se'gundo]
em terceiro lugar	tercero (adv)	[ter'θero]

de repente	de súbito (adv)	[de 'suβito]
no início	al principio (adv)	[alʲ prin'θipio]
pela primeira vez	por primera vez	[por pri'mera beθ]
muito antes de ...	mucho tiempo antes ...	['mutʃo 'tjempo 'antes]
de novo	de nuevo (adv)	[de nu'eβo]
para sempre	para siempre (adv)	['para 'sjempre]

nunca	nunca (adv)	['nuŋka]
de novo	de nuevo (adv)	[de nu'eβo]
agora	ahora (adv)	[a'ora]
frequentemente	frecuentemente (adv)	[frekuente'mente]
então	entonces (adv)	[en'tonθes]
urgentemente	urgentemente	[urχente'mente]
normalmente	usualmente (adv)	[usualʲ'mente]

a propósito, ...	a propósito, ...	[a pro'posito]
é possível	es probable	[es pro'βaβle]
provavelmente	probablemente	[proβaβle'mente]
talvez	tal vez	[talʲ beθ]
além disso, ...	además ...	[aðe'mas]

por isso ...	por eso ...	[por 'eso]
apesar de ...	a pesar de ...	[a pe'sar de]
graças a ...	gracias a ...	['graθias a]

que (pron.)	qué	[ke]
que (conj.)	que	[ke]
algo	algo	['alʲgo]
alguma coisa	algo	['alʲgo]
nada	nada (f)	['naða]

quem	quien	[kjen]
alguém (~ que ...)	alguien	['alʲgjen]
alguém (com ~)	alguien	['alʲgjen]

ninguém	nadie	['naðje]
para lugar nenhum	a ninguna parte	[a nin'guna 'parte]
de ninguém	de nadie	[de 'naðje]
de alguém	de alguien	[de 'alʲgjen]

tão	tan, tanto (adv)	[tan], ['tanto]
também (gostaria ~ de ...)	también	[tam'bjen]
também (~ eu)	también	[tam'bjen]

18. Palavras funcionais. Advérbios. Parte 2

Por quê?	¿Por qué?	[por 'ke]
por alguma razão	por alguna razón	[por alʲ'guna ra'θon]
porque ...	porque ...	['porke]
por qualquer razão	por cualquier razón (adv)	[por kualʲ'kjer ra'θon]

e (tu ~ eu)	y	[i]
ou (ser ~ não ser)	o	[o]
mas (porém)	pero	['pero]
para (~ a minha mãe)	para	['para]

muito, demais	demasiado (adv)	[dema'sjaðo]
só, somente	sólo, solamente (adv)	['solʲo], [solʲa'mente]
exatamente	exactamente (adv)	[eksakta'mente]
cerca de (~ 10 kg)	cerca de ...	['θerka de]

aproximadamente	aproximadamente	[aproksimaða'mente]
aproximado (adj)	aproximado (adj)	[aproksi'maðo]
quase	casi (adv)	['kasi]
resto (m)	resto (m)	['resto]

o outro (segundo)	el otro (adj)	[elʲ 'otro]
outro (adj)	otro (adj)	['otro]
cada (adj)	cada (adj)	['kaða]
qualquer (adj)	cualquier (adj)	[kualʲ'kjer]
muito, muitos, muitas	mucho (adv)	['mutʃo]
muitas pessoas	mucha gente	['mutʃa 'xente]
todos	todos	['toðos]
em troca de ...	a cambio de ...	[a 'kambjo de]
em troca	en cambio (adv)	[en 'kambio]

à mão	**a mano**	[a 'mano]
pouco provável	**poco probable**	['poko pro'βaβle]
provavelmente	**probablemente**	[proβaβle'mente]
de propósito	**a propósito** (adv)	[a pro'posito]
por acidente	**por accidente** (adv)	[por akθi'ðente]
muito	**muy** (adv)	['muj]
por exemplo	**por ejemplo** (adv)	[por e'χemplʲo]
entre	**entre**	['entre]
entre (no meio de)	**entre**	['entre]
tanto	**tanto**	['tanto]
especialmente	**especialmente** (adv)	[espeθjalʲ'mente]

Conceitos básicos. Parte 2

19. Dias da semana

segunda-feira (f)	lunes (m)	['lʲunes]
terça-feira (f)	martes (m)	['martes]
quarta-feira (f)	miércoles (m)	['mjerkoles]
quinta-feira (f)	jueves (m)	[xu'eβes]
sexta-feira (f)	viernes (m)	['bjernes]
sábado (m)	sábado (m)	['saβaðo]
domingo (m)	domingo (m)	[do'mingo]
hoje	hoy (adv)	[oj]
amanhã	mañana (adv)	[ma'njana]
depois de amanhã	pasado mañana	[pa'saðo ma'njana]
ontem	ayer (adv)	[a'jer]
anteontem	anteayer (adv)	[ante·a'jer]
dia (m)	día (m)	['dia]
dia (m) de trabalho	día (m) de trabajo	['dia de tra'βaxo]
feriado (m)	día (m) de fiesta	['dia de 'fjesta]
dia (m) de folga	día (m) de descanso	['dia de des'kanso]
fim (m) de semana	fin (m) de semana	['fin de se'mana]
o dia todo	todo el día	['toðo elʲ 'dia]
no dia seguinte	al día siguiente	[alʲ 'dia si'gjente]
há dois dias	dos días atrás	[dos 'dias a'tras]
na véspera	en vísperas (adv)	[en 'bisperas]
diário (adj)	diario (adj)	['djario]
todos os dias	cada día (adv)	['kaða 'dia]
semana (f)	semana (f)	[se'mana]
na semana passada	semana (f) pasada	[se'mana pa'saða]
semana que vem	semana (f) que viene	[se'mana ke 'bjene]
semanal (adj)	semanal (adj)	[sema'nalʲ]
toda semana	cada semana (adv)	['kaða se'mana]
duas vezes por semana	dos veces por semana	[dos 'beθes por se'mana]
toda terça-feira	todos los martes	['toðos los 'martes]

20. Horas. Dia e noite

manhã (f)	mañana (f)	[ma'njana]
de manhã	por la mañana	[por lʲa ma'njana]
meio-dia (m)	mediodía (m)	['meðjo'ðia]
à tarde	por la tarde	[por lʲa 'tarðe]
tardinha (f)	noche (f)	['notʃe]
à tardinha	por la noche	[por lʲa 'notʃe]

noite (f)	noche (f)	['notʃe]
à noite	por la noche	[por lʲa 'notʃe]
meia-noite (f)	medianoche (f)	['meðia'notʃe]

segundo (m)	segundo (m)	[se'gundo]
minuto (m)	minuto (m)	[mi'nuto]
hora (f)	hora (f)	['ora]
meia hora (f)	media hora (f)	['meðia 'ora]
quarto (m) de hora	cuarto (m) de hora	[ku'arto de 'ora]
quinze minutos	quince minutos	['kinθe mi'nutos]
vinte e quatro horas	veinticuatro horas	['bejti·ku'atro 'oras]

nascer (m) do sol	salida (f) del sol	[sa'liða delʲ 'solʲ]
amanhecer (m)	amanecer (m)	[amane'θer]
madrugada (f)	madrugada (f)	[maðru'gaða]
pôr-do-sol (m)	puesta (f) del sol	[pu'esta delʲ 'solʲ]

de madrugada	de madrugada	[de maðru'gaða]
esta manhã	esta mañana	['esta ma'njana]
amanhã de manhã	mañana por la mañana	[ma'njana por lʲa ma'njana]

esta tarde	esta tarde	['esta 'tarðe]
à tarde	por la tarde	[por lʲa 'tarðe]
amanhã à tarde	mañana por la tarde	[ma'njana por lʲa 'tarðe]

esta noite, hoje à noite	esta noche	['esta 'notʃe]
amanhã à noite	mañana por la noche	[ma'njana por lʲa 'notʃe]

às três horas em ponto	a las tres en punto	[a lʲas 'tres en 'punto]
por volta das quatro	a eso de las cuatro	[a 'eso de lʲas ku'atro]
às doze	para las doce	['para lʲas 'doθe]

em vinte minutos	dentro de veinte minutos	['dentro de 'bejnte mi'nutos]
em uma hora	dentro de una hora	['dentro de 'una 'ora]
a tempo	a tiempo (adv)	[a 'tjempo]

… um quarto para	… menos cuarto	['menos ku'arto]
dentro de uma hora	durante una hora	[du'rante 'una 'ora]
a cada quinze minutos	cada quince minutos	['kaða 'kinθe mi'nutos]
as vinte e quatro horas	día y noche	['dia i 'notʃe]

21. Meses. Estações

janeiro (m)	enero (m)	[e'nero]
fevereiro (m)	febrero (m)	[fe'βrero]
março (m)	marzo (m)	['marθo]
abril (m)	abril (m)	[a'βrilʲ]
maio (m)	mayo (m)	['majo]
junho (m)	junio (m)	['χunio]

julho (m)	julio (m)	['χulio]
agosto (m)	agosto (m)	[a'gosto]
setembro (m)	septiembre (m)	[sep'tjembre]
outubro (m)	octubre (m)	[ok'tuβre]

novembro (m)	noviembre (m)	[no'βjembre]
dezembro (m)	diciembre (m)	[di'θjembre]
primavera (f)	primavera (f)	[prima'βera]
na primavera	en primavera	[en prima'βera]
primaveril (adj)	de primavera (adj)	[de prima'βera]
verão (m)	verano (m)	[be'rano]
no verão	en verano	[em be'rano]
de verão	de verano (adj)	[de be'rano]
outono (m)	otoño (m)	[o'tonjo]
no outono	en otoño	[en o'tonjo]
outonal (adj)	de otoño (adj)	[de o'tonjo]
inverno (m)	invierno (m)	[im'bjerno]
no inverno	en invierno	[en im'bjerno]
de inverno	de invierno (adj)	[de im'bjerno]
mês (m)	mes (m)	[mes]
este mês	este mes	['este 'mes]
mês que vem	al mes siguiente	[alʲ 'mes si'gjente]
no mês passado	el mes pasado	[elʲ 'mes pa'saðo]
um mês atrás	hace un mes	['aθe un 'mes]
em um mês	dentro de un mes	['dentro de un mes]
em dois meses	dentro de dos meses	['dentro de dos 'meses]
todo o mês	todo el mes	['toðo elʲ 'mes]
um mês inteiro	todo un mes	['toðo un 'mes]
mensal (adj)	mensual (adj)	[mensu'alʲ]
mensalmente	mensualmente (adv)	[mensualʲ'mente]
todo mês	cada mes	['kaða 'mes]
duas vezes por mês	dos veces por mes	[dos 'beθes por 'mes]
ano (m)	año (m)	['anjo]
este ano	este año	['este 'anjo]
ano que vem	el próximo año	[elʲ 'proksimo 'anjo]
no ano passado	el año pasado	[elʲ 'anjo pa'saðo]
há um ano	hace un año	['aθe un 'anjo]
em um ano	dentro de un año	['dentro de un 'anjo]
dentro de dois anos	dentro de dos años	['dentro de dos 'anjos]
todo o ano	todo el año	['toðo elʲ 'anjo]
um ano inteiro	todo un año	['toðo un 'anjo]
cada ano	cada año	['kaða 'anjo]
anual (adj)	anual (adj)	[anu'alʲ]
anualmente	anualmente (adv)	[anualʲ'mente]
quatro vezes por ano	cuatro veces por año	[ku'atro 'beθes por 'anjo]
data (~ de hoje)	fecha (f)	['fetʃa]
data (ex. ~ de nascimento)	fecha (f)	['fetʃa]
calendário (m)	calendario (m)	[kalen'dario]
meio ano	medio año (m)	['meðjo 'anjo]
seis meses	seis meses	['sejs 'meses]

| estação (f) | estación (f) | [esta'θjon] |
| século (m) | siglo (m) | ['siɣlʲo] |

22. Unidades de medida

peso (m)	peso (m)	['peso]
comprimento (m)	longitud (f)	[lʲonxi'tuð]
largura (f)	anchura (f)	[an'tʃura]
altura (f)	altura (f)	[alʲ'tura]
profundidade (f)	profundidad (f)	[profundi'ðað]
volume (m)	volumen (m)	[bo'lʲumen]
área (f)	área (f)	['area]

grama (m)	gramo (m)	['gramo]
miligrama (m)	miligramo (m)	[mili'ɣramo]
quilograma (m)	kilogramo (m)	[kilʲo'ɣramo]
tonelada (f)	tonelada (f)	[tone'lʲaða]
libra (453,6 gramas)	libra (f)	['liβra]
onça (f)	onza (f)	['onθa]

metro (m)	metro (m)	['metro]
milímetro (m)	milímetro (m)	[mi'limetro]
centímetro (m)	centímetro (m)	[θen'timetro]
quilômetro (m)	kilómetro (m)	[ki'lʲometro]
milha (f)	milla (f)	['mija]

polegada (f)	pulgada (f)	[pulʲ'gaða]
pé (304,74 mm)	pie (m)	[pje]
jarda (914,383 mm)	yarda (f)	['jarða]

| metro (m) quadrado | metro (m) cuadrado | ['metro kua'ðraðo] |
| hectare (m) | hectárea (f) | [ek'tarea] |

litro (m)	litro (m)	['litro]
grau (m)	grado (m)	['graðo]
volt (m)	voltio (m)	['bolʲtio]
ampère (m)	amperio (m)	[am'perio]
cavalo (m) de potência	caballo (m) de fuerza	[ka'βajo de fu'erθa]

quantidade (f)	cantidad (f)	[kanti'ðað]
um pouco de …	un poco de …	[un 'poko de]
metade (f)	mitad (f)	[mi'tað]

| dúzia (f) | docena (f) | [do'θena] |
| peça (f) | pieza (f) | ['pjeθa] |

| tamanho (m), dimensão (f) | dimensión (f) | [dimen'sjon] |
| escala (f) | escala (f) | [es'kalʲa] |

mínimo (adj)	mínimo (adj)	['minimo]
menor, mais pequeno	el más pequeño (adj)	[elʲ mas pe'kenjo]
médio (adj)	medio (adj)	['meðio]
máximo (adj)	máximo (adj)	['maksimo]
maior, mais grande	el más grande (adj)	[elʲ 'mas 'grande]

23. Recipientes

pote (m) de vidro	**tarro** (m) **de vidrio**	['taro de 'biðrio]
lata (~ de cerveja)	**lata** (f)	['lʲata]
balde (m)	**cubo** (m)	['kuβo]
barril (m)	**barril** (m)	[ba'rilʲ]
bacia (~ de plástico)	**palangana** (f)	[palʲan'gana]
tanque (m)	**tanque** (m)	['taŋke]
cantil (m) de bolso	**petaca** (f)	[pe'taka]
galão (m) de gasolina	**bidón** (m) **de gasolina**	[bi'ðon de gaso'lina]
cisterna (f)	**cisterna** (f)	[θis'terna]
caneca (f)	**taza** (f)	['taθa]
xícara (f)	**taza** (f)	['taθa]
pires (m)	**platillo** (m)	[plʲa'tijo]
copo (m)	**vaso** (m)	['baso]
taça (f) de vinho	**copa** (f) **de vino**	['kopa de 'bino]
panela (f)	**olla** (f)	['oja]
garrafa (f)	**botella** (f)	[bo'teja]
gargalo (m)	**cuello** (m) **de botella**	[ku'ejo de bo'teja]
jarra (f)	**garrafa** (f)	[ga'rafa]
jarro (m)	**jarro** (m)	['χaro]
recipiente (m)	**recipiente** (m)	[reθi'pjente]
pote (m)	**tarro** (m)	['taro]
vaso (m)	**florero** (m)	[flʲo'rero]
frasco (~ de perfume)	**frasco** (m)	['frasko]
frasquinho (m)	**frasquito** (m)	[fras'kito]
tubo (m)	**tubo** (m)	['tuβo]
saco (ex. ~ de açúcar)	**saco** (m)	['sako]
sacola (~ plastica)	**bolsa** (f)	['bolʲsa]
maço (de cigarros, etc.)	**paquete** (m)	[pa'kete]
caixa (~ de sapatos, etc.)	**caja** (f)	['kaχa]
caixote (~ de madeira)	**cajón** (m)	[ka'χon]
cesto (m)	**cesta** (f)	['θesta]

O SER HUMANO

O ser humano. O corpo

cabeça (f)	**cabeza** (f)	[ka'βeθa]
rosto, cara (f)	**cara** (f)	['kara]
nariz (m)	**nariz** (f)	[na'riθ]
boca (f)	**boca** (f)	['boka]
olho (m)	**ojo** (m)	['oχo]
olhos (m pl)	**ojos** (m pl)	['oχos]
pupila (f)	**pupila** (f)	[pu'pilʲa]
sobrancelha (f)	**ceja** (f)	['θeχa]
cílio (f)	**pestaña** (f)	[pes'tanja]
pálpebra (f)	**párpado** (m)	['parpaðo]
língua (f)	**lengua** (f)	['lengua]
dente (m)	**diente** (m)	['djente]
lábios (m pl)	**labios** (m pl)	['lʲaβjos]
maçãs (f pl) do rosto	**pómulos** (m pl)	['pomulʲos]
gengiva (f)	**encía** (f)	[en'θia]
palato (m)	**paladar** (m)	[palʲa'ðar]
narinas (f pl)	**ventanas** (f pl)	[ben'tanas]
queixo (m)	**mentón** (m)	[men'ton]
mandíbula (f)	**mandíbula** (f)	[man'diβulʲa]
bochecha (f)	**mejilla** (f)	[me'χija]
testa (f)	**frente** (f)	['frente]
têmpora (f)	**sien** (f)	[θjen]
orelha (f)	**oreja** (f)	[o'reχa]
costas (f pl) da cabeça	**nuca** (f)	['nuka]
pescoço (m)	**cuello** (m)	[ku'ejo]
garganta (f)	**garganta** (f)	[gar'ganta]
cabelo (m)	**pelo, cabello** (m)	['pelʲo], [ka'βejo]
penteado (m)	**peinado** (m)	[pej'naðo]
corte (m) de cabelo	**corte** (m) **de pelo**	['korte de 'pelʲo]
peruca (f)	**peluca** (f)	[pe'lʲuka]
bigode (m)	**bigote** (m)	[bi'gote]
barba (f)	**barba** (f)	['barβa]
ter (~ barba, etc.)	**tener** (vt)	[te'ner]
trança (f)	**trenza** (f)	['trenθa]
suíças (f pl)	**patillas** (f pl)	[pa'tijas]
ruivo (adj)	**pelirrojo** (adj)	[peli'roχo]
grisalho (adj)	**gris, canoso** (adj)	[gris], [ka'noso]

| careca (adj) | calvo (adj) | ['kalˈβo] |
| calva (f) | calva (f) | ['kalˈβa] |

| rabo-de-cavalo (m) | cola (f) de caballo | ['kolʲa de ka'βajo] |
| franja (f) | flequillo (m) | [fle'kijo] |

25. Corpo humano

| mão (f) | mano (f) | ['mano] |
| braço (m) | brazo (m) | ['braθo] |

dedo (m)	dedo (m)	['deðo]
dedo (m) do pé	dedo (m) del pie	['deðo delʲ pje]
polegar (m)	dedo (m) pulgar	['deðo pulʲ'gar]
dedo (m) mindinho	dedo (m) meñique	['deðo me'njike]
unha (f)	uña (f)	['unja]

punho (m)	puño (m)	['punjo]
palma (f)	palma (f)	['palʲma]
pulso (m)	muñeca (f)	[mu'njeka]
antebraço (m)	antebrazo (m)	[ante·'βraθo]
cotovelo (m)	codo (m)	['koðo]
ombro (m)	hombro (m)	['ombro]

perna (f)	pierna (f)	['pjerna]
pé (m)	planta (f)	['plʲanta]
joelho (m)	rodilla (f)	[ro'ðija]
panturrilha (f)	pantorrilla (f)	[panto'rija]
quadril (m)	cadera (f)	[ka'ðera]
calcanhar (m)	talón (m)	[ta'lʲon]

corpo (m)	cuerpo (m)	[ku'erpo]
barriga (f), ventre (m)	vientre (m)	['bjentre]
peito (m)	pecho (m)	['petʃo]
seio (m)	seno (m)	['seno]
lado (m)	lado (m), costado (m)	['lʲaðo], [kos'taðo]
costas (dorso)	espalda (f)	[es'palʲda]
região (f) lombar	zona (f) lumbar	['θona lʲum'bar]
cintura (f)	cintura (f), talle (m)	[θin'tura], ['taje]

umbigo (m)	ombligo (m)	[om'bligo]
nádegas (f pl)	nalgas (f pl)	['nalʲgas]
traseiro (m)	trasero (m)	[tra'sero]

sinal (m), pinta (f)	lunar (m)	[lʲu'nar]
sinal (m) de nascença	marca (f) de nacimiento	['marka de naθi'mjento]
tatuagem (f)	tatuaje (m)	[tatu'aχe]
cicatriz (f)	cicatriz (f)	[sika'triθ]

Vestuário & Acessórios

26. Roupa exterior. Casacos

roupa (f)	ropa (f)	['ropa]
roupa (f) exterior	ropa (f) de calle	['ropa de 'kaje]
roupa (f) de inverno	ropa (f) de invierno	['ropa de im'bjerno]
sobretudo (m)	abrigo (m)	[a'βrigo]
casaco (m) de pele	abrigo (m) de piel	[a'βrigo de pjeli]
jaqueta (f) de pele	abrigo (m) corto de piel	[a'βrigo 'korto de pjeli]
casaco (m) acolchoado	chaqueta (f) plumón	[tʃa'keta pliu'mon]
casaco (m), jaqueta (f)	cazadora (f)	[kaθa'ðora]
impermeável (m)	impermeable (m)	[imperme'aβle]
a prova d'água	impermeable (adj)	[imperme'aβle]

27. Vestuário de homem & mulher

camisa (f)	camisa (f)	[ka'misa]
calça (f)	pantalones (m pl)	[panta'liones]
jeans (m)	vaqueros (m pl)	[ba'keros]
paletó, terno (m)	chaqueta (f), saco (m)	[tʃa'keta], ['sako]
terno (m)	traje (m)	['traxe]
vestido (ex. ~ de noiva)	vestido (m)	[bes'tiðo]
saia (f)	falda (f)	['falida]
blusa (f)	blusa (f)	['bliusa]
casaco (m) de malha	rebeca (f),	[re'βeka],
	chaqueta (f) de punto	[tʃa'keta de 'punto]
casaco, blazer (m)	chaqueta (f)	[tʃa'keta]
camiseta (f)	camiseta (f)	[kami'seta]
short (m)	pantalones (m pl) cortos	[panta'liones 'kortos]
training (m)	traje (m) deportivo	['traxe depor'tiβo]
roupão (m) de banho	bata (f) de baño	['bata de 'banjo]
pijama (m)	pijama (m)	[pi'xama]
suéter (m)	suéter (m)	[su'eter]
pulôver (m)	pulóver (m)	[pu'lioβer]
colete (m)	chaleco (m)	[tʃa'leko]
fraque (m)	frac (m)	[frak]
smoking (m)	esmoquin (m)	[es'mokin]
uniforme (m)	uniforme (m)	[uni'forme]
roupa (f) de trabalho	ropa (f) de trabajo	['ropa de tra'βaxo]
macacão (m)	mono (m)	['mono]
jaleco (m), bata (f)	bata (f)	['bata]

28. Vestuário. Roupa interior

roupa (f) íntima	ropa (f) interior	['ropa inte'rjor]
cueca boxer (f)	bóxer (m)	['bokser]
calcinha (f)	bragas (f pl)	['bragas]
camiseta (f)	camiseta (f) interior	[kami'θeta inte'rjor]
meias (f pl)	calcetines (m pl)	[kalʲθe'tines]
camisola (f)	camisón (m)	[kami'son]
sutiã (m)	sostén (m)	[sos'ten]
meias longas (f pl)	calcetines (m pl) altos	[kalʲθe'tines 'alʲtos]
meias-calças (f pl)	pantimedias (f pl)	[panti'meðias]
meias (~ de nylon)	medias (f pl)	['meðias]
maiô (m)	traje (m) de baño	['traχe de 'banjo]

29. Adereços de cabeça

chapéu (m), touca (f)	gorro (m)	['goro]
chapéu (m) de feltro	sombrero (m)	[som'brero]
boné (m) de beisebol	gorra (f) de béisbol	['gora de 'bejsβolʲ]
boina (~ italiana)	gorra (f) plana	['gora 'plʲana]
boina (ex. ~ basca)	boina (f)	['bojna]
capuz (m)	capuchón (m)	[kapu'tʃon]
chapéu panamá (m)	panamá (m)	[pana'ma]
touca (f)	gorro (m) de punto	['goro de 'punto]
lenço (m)	pañuelo (m)	[panju'elʲo]
chapéu (m) feminino	sombrero (m) de mujer	[som'brero de mu'χer]
capacete (m) de proteção	casco (m)	['kasko]
bibico (m)	gorro (m) de campaña	['goro de kam'panja]
capacete (m)	casco (m)	['kasko]
chapéu-coco (m)	bombín (m)	[bom'bin]
cartola (f)	sombrero (m) de copa	[som'brero de 'kopa]

30. Calçado

calçado (m)	calzado (m)	[kalʲ'θaðo]
botinas (f pl), sapatos (m pl)	botas (f pl)	['botas]
sapatos (de salto alto, etc.)	zapatos (m pl)	[θa'patos]
botas (f pl)	botas (f pl)	['botas]
pantufas (f pl)	zapatillas (f pl)	[θapa'tijas]
tênis (~ Nike, etc.)	tenis (m pl)	['tenis]
tênis (~ Converse)	zapatillas (f pl) de lona	[θapa'tijas de 'lʲona]
sandálias (f pl)	sandalias (f pl)	[san'daljas]
sapateiro (m)	zapatero (m)	[θapa'tero]
salto (m)	tacón (m)	[ta'kon]

par (m)	par (m)	[par]
cadarço (m)	cordón (m)	[kor'ðon]
amarrar os cadarços	encordonar (vt)	[eŋkorðo'nar]
calçadeira (f)	calzador (m)	[kalˈθaˈðor]
graxa (f) para calçado	betún (m)	[be'tun]

31. Acessórios pessoais

luva (f)	guantes (m pl)	[gu'antes]
mitenes (f pl)	manoplas (f pl)	[ma'noplʲas]
cachecol (m)	bufanda (f)	[bu'fanda]

óculos (m pl)	gafas (f pl)	['gafas]
armação (f)	montura (f)	[mon'tura]
guarda-chuva (m)	paraguas (m)	[pa'raguas]
bengala (f)	bastón (m)	[bas'ton]
escova (f) para o cabelo	cepillo (m) de pelo	[θe'pijo de 'pelʲo]
leque (m)	abanico (m)	[aβa'niko]

gravata (f)	corbata (f)	[kor'βata]
gravata-borboleta (f)	pajarita (f)	[paχa'rita]
suspensórios (m pl)	tirantes (m pl)	[ti'rantes]
lenço (m)	moquero (m)	[mo'kero]

pente (m)	peine (m)	['pejne]
fivela (f) para cabelo	pasador (m) de pelo	[pasa'ðor de 'pelʲo]
grampo (m)	horquilla (f)	[or'kija]
fivela (f)	hebilla (f)	[e'βija]

| cinto (m) | cinturón (m) | [θintu'ron] |
| alça (f) de ombro | correa (f) | [ko'rea] |

bolsa (f)	bolsa (f)	['bolʲsa]
bolsa (feminina)	bolso (m)	['bolʲso]
mochila (f)	mochila (f)	[mo'tʃilʲa]

32. Vestuário. Diversos

moda (f)	moda (f)	['moða]
na moda (adj)	de moda (adj)	[de 'moða]
estilista (m)	diseñador (m) de moda	[disenja'ðor de 'moða]

colarinho (m)	cuello (m)	[ku'ejo]
bolso (m)	bolsillo (m)	[bolʲ'sijo]
de bolso	de bolsillo (adj)	[de bolʲ'sijo]
manga (f)	manga (f)	['manga]
ganchinho (m)	presilla (f)	[pre'sija]
bragueta (f)	bragueta (f)	[bra'geta]

zíper (m)	cremallera (f)	[krema'jera]
colchete (m)	cierre (m)	['θjere]
botão (m)	botón (m)	[bo'ton]

botoeira (casa de botão)	ojal (m)	[o'χal']
soltar-se (vr)	saltar (vi)	[sal'tar]

costurar (vi)	coser (vi, vt)	[ko'ser]
bordar (vt)	bordar (vt)	[bor'ðar]
bordado (m)	bordado (m)	[bor'ðaðo]
agulha (f)	aguja (f)	[a'guχa]
fio, linha (f)	hilo (m)	['il'o]
costura (f)	costura (f)	[kos'tura]

sujar-se (vr)	ensuciarse (vr)	[ensu'θjarse]
mancha (f)	mancha (f)	['mantʃa]
amarrotar-se (vr)	arrugarse (vr)	[aru'garse]
rasgar (vt)	rasgar (vt)	[ras'gar]
traça (f)	polilla (f)	[po'lija]

33. Cuidados pessoais. Cosméticos

pasta (f) de dente	pasta (f) de dientes	['pasta de 'djentes]
escova (f) de dente	cepillo (m) de dientes	[θe'pijo de 'djentes]
escovar os dentes	limpiarse los dientes	[lim'pjarse los 'djentes]

gilete (f)	maquinilla (f) de afeitar	[maki'nija de afej'tar]
creme (m) de barbear	crema (f) de afeitar	['krema de afej'tar]
barbear-se (vr)	afeitarse (vr)	[afej'tarse]

sabonete (m)	jabón (m)	[χa'βon]
xampu (m)	champú (m)	[tʃam'pu]

tesoura (f)	tijeras (f pl)	[ti'χeras]
lixa (f) de unhas	lima (f) de uñas	['lima de 'unjas]
corta-unhas (m)	cortaúñas (m pl)	[korta·'unjas]
pinça (f)	pinzas (f pl)	['pinθas]

cosméticos (m pl)	cosméticos (m pl)	[kos'metikos]
máscara (f)	mascarilla (f)	[maska'rija]
manicure (f)	manicura (f)	[mani'kura]
fazer as unhas	hacer la manicura	[a'θer l'a mani'kura]
pedicure (f)	pedicura (f)	[peði'kura]

bolsa (f) de maquiagem	bolsa (f) de maquillaje	['bol'sa de maki'jaχe]
pó (de arroz)	polvos (m pl)	['pol'βos]
pó (m) compacto	polvera (f)	[pol'βera]
blush (m)	colorete (m)	[kol'o'rete]

perfume (m)	perfume (m)	[per'fume]
água-de-colônia (f)	agua (f) de tocador	['agua de toka'ðor]
loção (f)	loción (f)	[l'o'θjon]
colônia (f)	agua (f) de Colonia	['agua de ko'l'onia]

sombra (f) de olhos	sombra (f) de ojos	['sombra de 'oχos]
delineador (m)	lápiz (m) de ojos	['l'apiθ de 'oχos]
máscara (f), rímel (m)	rímel (m)	['rimel']
batom (m)	pintalabios (m)	[pinta·'l'aβios]

esmalte (m)	esmalte (m) de uñas	[es'malʲte de 'unjas]
laquê (m), spray fixador (m)	fijador (m)	[fixa'ðor]
desodorante (m)	desodorante (m)	[desoðo'rante]

creme (m)	crema (f)	['krema]
creme (m) de rosto	crema (f) de belleza	['krema de be'jeθa]
creme (m) de mãos	crema (f) de manos	['krema de 'manos]
creme (m) antirrugas	crema (f) antiarrugas	['krema anti·a'rugas]
creme (m) de dia	crema (f) de día	['krema de 'dia]
creme (m) de noite	crema (f) de noche	['krema de 'notʃe]
de dia	de día (adj)	[de 'dia]
da noite	de noche (adj)	[de 'notʃe]

absorvente (m) interno	tampón (m)	[tam'pon]
papel (m) higiênico	papel (m) higiénico	[pa'pelʲ i'xjeniko]
secador (m) de cabelo	secador (m) de pelo	[seka'ðor de 'pelʲo]

34. Relógios de pulso. Relógios

relógio (m) de pulso	reloj (m)	[re'lʲox]
mostrador (m)	esfera (f)	[es'fera]
ponteiro (m)	aguja (f)	[a'guxa]
bracelete (em aço)	pulsera (f)	[pulʲ'sera]
bracelete (em couro)	correa (f)	[ko'rea]

pilha (f)	pila (f)	['pilʲa]
acabar (vi)	descargarse (vr)	[deskar'garse]
trocar a pilha	cambiar la pila	[kam'bjar lʲa 'pilʲa]
estar adiantado	adelantarse (vr)	[aðelʲan'tarθe]
estar atrasado	retrasarse (vr)	[retra'sarse]

relógio (m) de parede	reloj (m) de pared	[re'lʲox de pa'reð]
ampulheta (f)	reloj (m) de arena	[re'lʲox de a'rena]
relógio (m) de sol	reloj (m) de sol	[re'lʲox de 'solʲ]
despertador (m)	despertador (m)	[desperta'ðor]
relojoeiro (m)	relojero (m)	[relʲo'xero]
reparar (vt)	reparar (vt)	[repa'rar]

Alimentação. Nutrição

35. Comida

carne (f)	carne (f)	['karne]
galinha (f)	gallina (f)	[ga'jina]
frango (m)	pollo (m)	['pojo]
pato (m)	pato (m)	['pato]
ganso (m)	ganso (m)	['ganso]
caça (f)	caza (f) menor	['kaθa me'nor]
peru (m)	pava (f)	['paβa]
carne (f) de porco	carne (f) de cerdo	['karne de 'θerðo]
carne (f) de vitela	carne (f) de ternera	['karne de ter'nera]
carne (f) de carneiro	carne (f) de carnero	['karne de kar'nero]
carne (f) de vaca	carne (f) de vaca	['karne de 'baka]
carne (f) de coelho	conejo (m)	[ko'neχo]
linguiça (f), salsichão (m)	salchichón (m)	[salʲtʃiˈtʃon]
salsicha (f)	salchicha (f)	[salʲˈtʃitʃa]
bacon (m)	beicon (m)	['bejkon]
presunto (m)	jamón (m)	[χa'mon]
pernil (m) de porco	jamón (m) fresco	[χa'mon 'fresko]
patê (m)	paté (m)	[pa'te]
fígado (m)	hígado (m)	['igaðo]
guisado (m)	carne (f) picada	['karne pi'kaða]
língua (f)	lengua (f)	['lengua]
ovo (m)	huevo (m)	[u'eβo]
ovos (m pl)	huevos (m pl)	[u'eβos]
clara (f) de ovo	clara (f)	['klʲara]
gema (f) de ovo	yema (f)	['jema]
peixe (m)	pescado (m)	[pes'kaðo]
mariscos (m pl)	mariscos (m pl)	[ma'riskos]
crustáceos (m pl)	crustáceos (m pl)	[krus'taθeos]
caviar (m)	caviar (m)	[ka'βjar]
caranguejo (m)	cangrejo (m) de mar	[kan'greχo de 'mar]
camarão (m)	camarón (m)	[kama'ron]
ostra (f)	ostra (f)	['ostra]
lagosta (f)	langosta (f)	[lʲan'gosta]
polvo (m)	pulpo (m)	['pulʲpo]
lula (f)	calamar (m)	[kalʲa'mar]
esturjão (m)	esturión (m)	[estu'rjon]
salmão (m)	salmón (m)	[salʲ'mon]
halibute (m)	fletán (m)	[fle'tan]
bacalhau (m)	bacalao (m)	[baka'lʲao]

cavala, sarda (f)	caballa (f)	[ka'βaja]
atum (m)	atún (m)	[a'tun]
enguia (f)	anguila (f)	[an'giIʲa]
truta (f)	trucha (f)	['trutʃa]
sardinha (f)	sardina (f)	[sar'ðina]
lúcio (m)	lucio (m)	['Iʲuθio]
arenque (m)	arenque (m)	[a'reŋke]
pão (m)	pan (m)	[pan]
queijo (m)	queso (m)	['keso]
açúcar (m)	azúcar (m)	[a'θukar]
sal (m)	sal (f)	[salʲ]
arroz (m)	arroz (m)	[a'roθ]
massas (f pl)	macarrones (m pl)	[maka'rones]
talharim, miojo (m)	tallarines (m pl)	[taja'rines]
manteiga (f)	mantequilla (f)	[mante'kija]
óleo (m) vegetal	aceite (m) vegetal	[a'θejte beχe'talʲ]
óleo (m) de girassol	aceite (m) de girasol	[a'θejte de χira'solʲ]
margarina (f)	margarina (f)	[marga'rina]
azeitonas (f pl)	olivas, aceitunas (f pl)	[o'liβas], [aθei'tunas]
azeite (m)	aceite (m) de oliva	[a'θejte de o'liβa]
leite (m)	leche (f)	['letʃe]
leite (m) condensado	leche (f) condensada	['letʃe konden'saða]
iogurte (m)	yogur (m)	[jo'gur]
creme (m) azedo	nata (f) agria	['nata 'aɣria]
creme (m) de leite	nata (f) líquida	['nata 'likiða]
maionese (f)	mayonesa (f)	[majo'nesa]
creme (m)	crema (f) de mantequilla	['krema de mante'kija]
grãos (m pl) de cereais	cereales (m pl) integrales	[θere'ales inte'ɣrales]
farinha (f)	harina (f)	[a'rina]
enlatados (m pl)	conservas (f pl)	[kon'serβas]
flocos (m pl) de milho	copos (m pl) de maíz	['kopos de ma'iθ]
mel (m)	miel (f)	[mjelʲ]
geleia (m)	confitura (f)	[koɱfi'tura]
chiclete (m)	chicle (m)	['tʃikle]

36. Bebidas

água (f)	agua (f)	['agua]
água (f) potável	agua (f) potable	['agua po'taβle]
água (f) mineral	agua (f) mineral	['agua mine'ralʲ]
sem gás (adj)	sin gas	[sin 'gas]
gaseificada (adj)	gaseoso (adj)	[gase'oso]
com gás	con gas	[kon 'gas]
gelo (m)	hielo (m)	['jelʲo]

com gelo	con hielo	[kon 'jeljo]
não alcoólico (adj)	sin alcohol	[sin alʲko'olʲ]
refrigerante (m)	bebida (f) sin alcohol	[be'βiða sin alʲko'olʲ]
refresco (m)	refresco (m)	[re'fresko]
limonada (f)	limonada (f)	[limo'naða]

bebidas (f pl) alcoólicas	bebidas (f pl) alcohólicas	[be'βiðas alʲko'olikas]
vinho (m)	vino (m)	['bino]
vinho (m) branco	vino (m) blanco	['bino 'blʲaŋko]
vinho (m) tinto	vino (m) tinto	['bino 'tinto]

licor (m)	licor (m)	[li'kor]
champanhe (m)	champaña (f)	[ʧam'paɲa]
vermute (m)	vermú (m)	[ber'mu]

uísque (m)	whisky (m)	['wiski]
vodca (f)	vodka (m)	['boðka]
gim (m)	ginebra (f)	[xi'neβra]
conhaque (m)	coñac (m)	[ko'njak]
rum (m)	ron (m)	[ron]

café (m)	café (m)	[ka'fe]
café (m) preto	café (m) solo	[ka'fe 'solʲo]
café (m) com leite	café (m) con leche	[ka'fe kon 'leʧe]
cappuccino (m)	capuchino (m)	[kapu'ʧino]
café (m) solúvel	café (m) soluble	[ka'fe so'lʲuβle]

leite (m)	leche (f)	['leʧe]
coquetel (m)	cóctel (m)	['koktelʲ]
batida (f), milkshake (m)	batido (m)	[ba'tiðo]

suco (m)	zumo (m), jugo (m)	['θumo], ['xugo]
suco (m) de tomate	jugo (m) de tomate	['xugo de to'mate]
suco (m) de laranja	zumo (m) de naranja	['θumo de na'ranxa]
suco (m) fresco	zumo (m) fresco	['θumo 'fresko]

cerveja (f)	cerveza (f)	[θer'βeθa]
cerveja (f) clara	cerveza (f) rubia	[θer'βeθa 'ruβia]
cerveja (f) preta	cerveza (f) negra	[θer'βeθa 'neɣra]

chá (m)	té (m)	[te]
chá (m) preto	té (m) negro	['te 'neɣro]
chá (m) verde	té (m) verde	['te 'berðe]

37. Vegetais

vegetais (m pl)	legumbres (f pl)	[le'gumbres]
verdura (f)	verduras (f pl)	[ber'ðuras]

tomate (m)	tomate (m)	[to'mate]
pepino (m)	pepino (m)	[pe'pino]
cenoura (f)	zanahoria (f)	[θana'oria]
batata (f)	patata (f)	[pa'tata]
cebola (f)	cebolla (f)	[θe'βoja]

alho (m)	ajo (m)	['aχo]
couve (f)	col (f)	[kolʲ]
couve-flor (f)	coliflor (f)	[koli'flʲor]
couve-de-bruxelas (f)	col (f) de Bruselas	[kolʲ de bru'selʲas]
brócolis (m pl)	brócoli (m)	['brokoli]
beterraba (f)	remolacha (f)	[remo'lʲatʃa]
berinjela (f)	berenjena (f)	[beren'χena]
abobrinha (f)	calabacín (m)	[kalʲaβa'θin]
abóbora (f)	calabaza (f)	[kalʲa'βaθa]
nabo (m)	nabo (m)	['naβo]
salsa (f)	perejil (m)	[pere'χilʲ]
endro, aneto (m)	eneldo (m)	[e'nelʲdo]
alface (f)	lechuga (f)	[le'tʃuga]
aipo (m)	apio (m)	['apio]
aspargo (m)	espárrago (m)	[es'parago]
espinafre (m)	espinaca (f)	[espi'naka]
ervilha (f)	guisante (m)	[gi'sante]
feijão (~ soja, etc.)	habas (f pl)	['aβas]
milho (m)	maíz (m)	[ma'iθ]
feijão (m) roxo	fréjol (m)	['freχolʲ]
pimentão (m)	pimiento (m) dulce	[pi'mjento 'dulθe]
rabanete (m)	rábano (m)	['raβano]
alcachofra (f)	alcachofa (f)	[alʲka'tʃofa]

38. Frutos. Nozes

fruta (f)	fruto (m)	['fruto]
maçã (f)	manzana (f)	[man'θana]
pera (f)	pera (f)	['pera]
limão (m)	limón (m)	[li'mon]
laranja (f)	naranja (f)	[na'ranχa]
morango (m)	fresa (f)	['fresa]
tangerina (f)	mandarina (f)	[manda'rina]
ameixa (f)	ciruela (f)	[θiru'elʲa]
pêssego (m)	melocotón (m)	[melʲoko'ton]
damasco (m)	albaricoque (m)	[alʲβari'koke]
framboesa (f)	frambuesa (f)	[frambu'esa]
abacaxi (m)	piña (f)	['pinja]
banana (f)	banana (f)	[ba'nana]
melancia (f)	sandía (f)	[san'dia]
uva (f)	uva (f)	['uβa]
ginja (f)	guinda (f)	['ginda]
cereja (f)	cereza (f)	[θe'reθa]
melão (m)	melón (m)	[me'lʲon]
toranja (f)	pomelo (m)	[po'melʲo]
abacate (m)	aguacate (m)	[agua'kate]
mamão (m)	papaya (f)	[pa'paja]

| manga (f) | mango (m) | ['mango] |
| romã (f) | granada (f) | [gra'naða] |

groselha (f) vermelha	grosella (f) roja	[gro'seja 'roχa]
groselha (f) negra	grosella (f) negra	[gro'seja 'neɣra]
groselha (f) espinhosa	grosella (f) espinosa	[gro'seja espi'nosa]
mirtilo (m)	arándano (m)	[a'randano]
amora (f) silvestre	zarzamoras (f pl)	[θarθa'moras]

passa (f)	pasas (f pl)	['pasas]
figo (m)	higo (m)	['igo]
tâmara (f)	dátil (m)	['datilʲ]

amendoim (m)	cacahuete (m)	[kakau'ete]
amêndoa (f)	almendra (f)	[alʲ'mendra]
noz (f)	nuez (f)	[nu'eθ]
avelã (f)	avellana (f)	[aβe'jana]
coco (m)	nuez (f) de coco	[nu'eθ de 'koko]
pistaches (m pl)	pistachos (m pl)	[pis'tatʃos]

39. Pão. Bolaria

pastelaria (f)	pasteles (m pl)	[pas'teles]
pão (m)	pan (m)	[pan]
biscoito (m), bolacha (f)	galletas (f pl)	[ga'jetas]

chocolate (m)	chocolate (m)	[tʃoko'lʲate]
de chocolate	de chocolate (adj)	[de tʃoko'lʲate]
bala (f)	caramelo (m)	[kara'melʲo]
doce (bolo pequeno)	mini tarta (f)	['mini 'tarta]
bolo (m) de aniversário	tarta (f)	['tarta]

| torta (f) | tarta (f) | ['tarta] |
| recheio (m) | relleno (m) | [re'jeno] |

geleia (m)	confitura (f)	[komfi'tura]
marmelada (f)	mermelada (f)	[merme'lʲaða]
wafers (m pl)	gofre (m)	['gofre]
sorvete (m)	helado (m)	[e'lʲaðo]
pudim (m)	pudin (m)	['puðin]

40. Pratos cozinhados

prato (m)	plato (m)	['plʲato]
cozinha (~ portuguesa)	cocina (f)	[ko'θina]
receita (f)	receta (f)	[re'θeta]
porção (f)	porción (f)	[por'θjon]

salada (f)	ensalada (f)	[ensa'lʲaða]
sopa (f)	sopa (f)	['sopa]
caldo (m)	caldo (m)	['kalʲdo]
sanduíche (m)	bocadillo (m)	[boka'ðijo]

ovos (m pl) fritos	huevos (m pl) fritos	[u'eβos 'fritos]
hambúrguer (m)	hamburguesa (f)	[ambur'gesa]
bife (m)	bistec (m)	[bis'tek]

acompanhamento (m)	guarnición (f)	[guarni'θjon]
espaguete (m)	espagueti (m)	[espa'geti]
purê (m) de batata	puré (m) de patatas	[pu're de pa'tatas]
pizza (f)	pizza (f)	['pitsa]
mingau (m)	gachas (f pl)	['gatʃas]
omelete (f)	tortilla (f) francesa	[tor'tija fran'θesa]

fervido (adj)	cocido en agua (adj)	[ko'θiðo en 'agua]
defumado (adj)	ahumado (adj)	[au'maðo]
frito (adj)	frito (adj)	['frito]
seco (adj)	seco (adj)	['seko]
congelado (adj)	congelado (adj)	[konχe'lʲaðo]
em conserva (adj)	marinado (adj)	[mari'naðo]

doce (adj)	azucarado, dulce (adj)	[aθuka'raðo], ['dulʲθe]
salgado (adj)	salado (adj)	[sa'lʲaðo]
frio (adj)	frío (adj)	['frio]
quente (adj)	caliente (adj)	[ka'ljente]
amargo (adj)	amargo (adj)	[a'margo]
gostoso (adj)	sabroso (adj)	[sa'βroso]

cozinhar em água fervente	cocer (vt) en agua	[ko'θer en 'agua]
preparar (vt)	preparar (vt)	[prepa'rar]
fritar (vt)	freír (vt)	[fre'ir]
aquecer (vt)	calentar (vt)	[kalen'tar]

salgar (vt)	salar (vt)	[sa'lʲar]
apimentar (vt)	poner pimienta	[po'ner pi'mjenta]
ralar (vt)	rallar (vt)	[ra'jar]
casca (f)	piel (f)	[pjelʲ]
descascar (vt)	pelar (vt)	[pe'lʲar]

41. Especiarias

sal (m)	sal (f)	[salʲ]
salgado (adj)	salado (adj)	[sa'lʲaðo]
salgar (vt)	salar (vt)	[sa'lʲar]

pimenta-do-reino (f)	pimienta (f) negra	[pi'mjenta 'neɣra]
pimenta (f) vermelha	pimienta (f) roja	[pi'mjenta 'roχa]
mostarda (f)	mostaza (f)	[mos'taθa]
raiz-forte (f)	rábano (m) picante	['raβano pi'kante]

condimento (m)	condimento (m)	[kondi'mento]
especiaria (f)	especia (f)	[es'peθia]
molho (~ inglês)	salsa (f)	['salʲsa]
vinagre (m)	vinagre (m)	[bi'naɣre]

anis estrelado (m)	anís (m)	[a'nis]
manjericão (m)	albahaca (f)	[alʲβa'aka]

cravo (m)	clavo (m)	['klʲaβo]
gengibre (m)	jengibre (m)	[xen'xiβre]
coentro (m)	cilantro (m)	[θi'lʲantro]
canela (f)	canela (f)	[ka'nelʲa]

gergelim (m)	sésamo (m)	['sesamo]
folha (f) de louro	hoja (f) de laurel	['oxa de lʲau'relʲ]
páprica (f)	paprika (f)	[pap'rika]
cominho (m)	comino (m)	[ko'mino]
açafrão (m)	azafrán (m)	[aθa'fran]

42. Refeições

comida (f)	comida (f)	[ko'miða]
comer (vt)	comer (vi, vt)	[ko'mer]

café (m) da manhã	desayuno (m)	[desa'juno]
tomar café da manhã	desayunar (vi)	[desaju'nar]
almoço (m)	almuerzo (m)	[alʲmu'erθo]
almoçar (vi)	almorzar (vi)	[alʲmor'θar]
jantar (m)	cena (f)	['θena]
jantar (vi)	cenar (vi)	[θe'nar]

apetite (m)	apetito (m)	[ape'tito]
Bom apetite!	¡Que aproveche!	[ke apro'βetʃe]

abrir (~ uma lata, etc.)	abrir (vt)	[a'βrir]
derramar (~ líquido)	derramar (vt)	[dera'mar]
derramar-se (vr)	derramarse (vr)	[dera'marse]

ferver (vi)	hervir (vi)	[er'βir]
ferver (vt)	hervir (vt)	[er'βir]
fervido (adj)	hervido (adj)	[er'βiðo]

esfriar (vt)	enfriar (vt)	[eɱfri'ar]
esfriar-se (vr)	enfriarse (vr)	[eɱfri'arse]

sabor, gosto (m)	sabor (m)	[sa'βor]
fim (m) de boca	regusto (m)	[re'gusto]

emagrecer (vi)	adelgazar (vi)	[aðelʲga'θar]
dieta (f)	dieta (f)	[di'eta]
vitamina (f)	vitamina (f)	[bita'mina]
caloria (f)	caloría (f)	[kalʲo'ria]

vegetariano (m)	vegetariano (m)	[bexeta'rjano]
vegetariano (adj)	vegetariano (adj)	[bexeta'rjano]

gorduras (f pl)	grasas (f pl)	['grasas]
proteínas (f pl)	proteínas (f pl)	[prote'inas]
carboidratos (m pl)	carbohidratos (m pl)	[karβoi'ðratos]
fatia (~ de limão, etc.)	loncha (f)	['lʲontʃa]
pedaço (~ de bolo)	pedazo (m)	[pe'ðaθo]
migalha (f), farelo (m)	miga (f)	['miga]

43. Por a mesa

colher (f)	**cuchara** (f)	[ku'ʧara]
faca (f)	**cuchillo** (m)	[ku'ʧijo]
garfo (m)	**tenedor** (m)	[tene'ðor]
xícara (f)	**taza** (f)	['taθa]
prato (m)	**plato** (m)	['plʲato]
pires (m)	**platillo** (m)	[plʲa'tijo]
guardanapo (m)	**servilleta** (f)	[serβi'jeta]
palito (m)	**mondadientes** (m)	[monda'ðjentes]

44. Restaurante

restaurante (m)	**restaurante** (m)	[restau'rante]
cafeteria (f)	**cafetería** (f)	[kafete'ria]
bar (m), cervejaria (f)	**bar** (m)	[bar]
salão (m) de chá	**salón** (m) **de té**	[sa'lʲon de 'te]
garçom (m)	**camarero** (m)	[kama'rero]
garçonete (f)	**camarera** (f)	[kama'rera]
barman (m)	**barman** (m)	['barman]
cardápio (m)	**carta** (f), **menú** (m)	['karta], [me'nu]
lista (f) de vinhos	**carta** (f) **de vinos**	['karta de 'binos]
reservar uma mesa	**reservar una mesa**	[reser'βar 'una 'mesa]
prato (m)	**plato** (m)	['plʲato]
pedir (vt)	**pedir** (vt)	[pe'ðir]
fazer o pedido	**hacer un pedido**	[a'θer un pe'ðiðo]
aperitivo (m)	**aperitivo** (m)	[aperi'tiβo]
entrada (f)	**entremés** (m)	[entre'mes]
sobremesa (f)	**postre** (m)	['postre]
conta (f)	**cuenta** (f)	[ku'enta]
pagar a conta	**pagar la cuenta**	[pa'gar lʲa ku'enta]
dar o troco	**dar la vuelta**	['dar lʲa bu'elta]
gorjeta (f)	**propina** (f)	[pro'pina]

Família, parentes e amigos

nome (m)	nombre (m)	['nombre]
sobrenome (m)	apellido (m)	[ape'jiðo]
data (f) de nascimento	fecha (f) de nacimiento	['fetʃa de naθi'mjento]
local (m) de nascimento	lugar (m) de nacimiento	[lʲu'gar de naθi'mjento]
nacionalidade (f)	nacionalidad (f)	[naθjonali'ðað]
lugar (m) de residência	domicilio (m)	[domi'θilio]
país (m)	país (m)	[pa'is]
profissão (f)	profesión (f)	[profe'sjon]
sexo (m)	sexo (m)	['sekso]
estatura (f)	estatura (f)	[esta'tura]
peso (m)	peso (m)	['peso]

mãe (f)	madre (f)	['maðre]
pai (m)	padre (m)	['paðre]
filho (m)	hijo (m)	['iχo]
filha (f)	hija (f)	['iχa]
caçula (f)	hija (f) menor	['iχa me'nor]
caçula (m)	hijo (m) menor	['iχo me'nor]
filha (f) mais velha	hija (f) mayor	['iχa ma'jor]
filho (m) mais velho	hijo (m) mayor	['iχo ma'jor]
irmão (m)	hermano (m)	[er'mano]
irmão (m) mais velho	hermano (m) mayor	[er'mano ma'jor]
irmão (m) mais novo	hermano (m) menor	[er'mano me'nor]
irmã (f)	hermana (f)	[er'mana]
irmã (f) mais velha	hermana (f) mayor	[er'mana ma'jor]
irmã (f) mais nova	hermana (f) menor	[er'mana me'nor]
primo (m)	primo (m)	['primo]
prima (f)	prima (f)	['prima]
mamãe (f)	mamá (f)	[ma'ma]
papai (m)	papá (m)	[pa'pa]
pais (pl)	padres (pl)	['paðres]
criança (f)	niño (m), niña (f)	['ninjo], ['ninja]
crianças (f pl)	niños (pl)	['ninjos]
avó (f)	abuela (f)	[aβu'elʲa]
avô (m)	abuelo (m)	[aβu'elʲo]
neto (m)	nieto (m)	['njeto]

neta (f)	**nieta** (f)	['njeta]
netos (pl)	**nietos** (pl)	['njetos]
tio (m)	**tío** (m)	['tio]
tia (f)	**tía** (f)	['tia]
sobrinho (m)	**sobrino** (m)	[so'βrino]
sobrinha (f)	**sobrina** (f)	[so'βrina]
sogra (f)	**suegra** (f)	[su'eɣra]
sogro (m)	**suegro** (m)	[su'eɣro]
genro (m)	**yerno** (m)	['jerno]
madrasta (f)	**madrastra** (f)	[ma'ðrastra]
padrasto (m)	**padrastro** (m)	[pa'ðrastro]
criança (f) de colo	**niño** (m) **de pecho**	['ninjo de 'petʃo]
bebê (m)	**bebé** (m)	[be'βe]
menino (m)	**chico** (m)	['tʃiko]
mulher (f)	**mujer** (f)	[mu'χer]
marido (m)	**marido** (m)	[ma'riðo]
esposo (m)	**esposo** (m)	[es'poso]
esposa (f)	**esposa** (f)	[es'posa]
casado (adj)	**casado** (adj)	[ka'saðo]
casada (adj)	**casada** (adj)	[ka'saða]
solteiro (adj)	**soltero** (adj)	[solⁱ'tero]
solteirão (m)	**soltero** (m)	[solⁱ'tero]
divorciado (adj)	**divorciado** (adj)	[diβor'θjaðo]
viúva (f)	**viuda** (f)	['bjuða]
viúvo (m)	**viudo** (m)	['bjuðo]
parente (m)	**pariente** (m)	[pa'rjente]
parente (m) próximo	**pariente** (m) **cercano**	[pa'rjente θer'kano]
parente (m) distante	**pariente** (m) **lejano**	[pa'rjente le'χano]
parentes (m pl)	**parientes** (pl)	[pa'rjentes]
órfão (m)	**huérfano** (m)	[u'erfano]
órfã (f)	**huérfana** (f)	[u'erfana]
tutor (m)	**tutor** (m)	[tu'tor]
adotar (um filho)	**adoptar, ahijar** (vt)	[aðop'tar], [ai'χar]
adotar (uma filha)	**adoptar, ahijar** (vt)	[aðop'tar], [ai'χar]

Medicina

doença (f)	enfermedad (f)	[eɱferme'ðað]
estar doente	estar enfermo	[es'tar eɱ'fermo]
saúde (f)	salud (f)	[sa'lʲuð]

nariz (m) escorrendo	resfriado (m)	[resfri'aðo]
amigdalite (f)	angina (f)	[an'χina]
resfriado (m)	resfriado (m)	[resfri'aðo]
ficar resfriado	resfriarse (vr)	[resfri'arse]

bronquite (f)	bronquitis (f)	[broŋ'kitis]
pneumonia (f)	pulmonía (f)	[pulʲmo'nia]
gripe (f)	gripe (f)	['gripe]

míope (adj)	miope (adj)	[mi'ope]
presbita (adj)	présbita (adj)	['presβita]
estrabismo (m)	estrabismo (m)	[estra'βismo]
estrábico, vesgo (adj)	estrábico (m) (adj)	[es'traβiko]
catarata (f)	catarata (f)	[kata'rata]
glaucoma (m)	glaucoma (m)	[glʲau'koma]

AVC (m), apoplexia (f)	insulto (m)	[in'sulʲto]
ataque (m) cardíaco	ataque (m) cardiaco	[a'take kar'ðjako]
enfarte (m) do miocárdio	infarto (m) de miocardio	[iɱ'farto de mio'karðio]
paralisia (f)	parálisis (f)	[pa'ralisis]
paralisar (vt)	paralizar (vt)	[parali'θar]

alergia (f)	alergia (f)	[a'lerχia]
asma (f)	asma (f)	['asma]
diabetes (f)	diabetes (f)	[dia'βetes]

dor (f) de dente	dolor (m) de muelas	[do'lʲor de mu'elʲas]
cárie (f)	caries (f)	['karies]

diarreia (f)	diarrea (f)	[dia'rea]
prisão (f) de ventre	estreñimiento (m)	[estrenji'mjento]
desarranjo (m) intestinal	molestia (f) estomacal	[mo'lestja estoma'kalʲ]
intoxicação (f) alimentar	envenenamiento (m)	[embenena'mjento]
intoxicar-se	envenenarse (vr)	[embene'narse]

artrite (f)	artritis (f)	[ar'tritis]
raquitismo (m)	raquitismo (m)	[raki'tismo]
reumatismo (m)	reumatismo (m)	[reuma'tismo]
arteriosclerose (f)	aterosclerosis (f)	[ateroskle'rosis]

gastrite (f)	gastritis (f)	[gas'tritis]
apendicite (f)	apendicitis (f)	[apendi'θitis]

colecistite (f)	colecistitis (f)	[koleθis'titis]
úlcera (f)	úlcera (f)	['ulʲθera]

sarampo (m)	sarampión (m)	[saram'pjon]
rubéola (f)	rubeola (f)	[ruβe'olʲa]
icterícia (f)	ictericia (f)	[ikte'riθia]
hepatite (f)	hepatitis (f)	[epa'titis]

esquizofrenia (f)	esquizofrenia (f)	[eskiθo'frenia]
raiva (f)	rabia (f)	['raβia]
neurose (f)	neurosis (f)	[neu'rosis]
contusão (f) cerebral	conmoción (f) cerebral	[konmo'θjon θere'βralʲ]

câncer (m)	cáncer (m)	['kanθer]
esclerose (f)	esclerosis (f)	[eskle'rosis]
esclerose (f) múltipla	esclerosis (f) múltiple	[eskle'rosis 'mulʲtiple]

alcoolismo (m)	alcoholismo (m)	[alʲkoo'lismo]
alcoólico (m)	alcohólico (m)	[alʲko'oliko]
sífilis (f)	sífilis (f)	['sifilis]
AIDS (f)	SIDA (m)	['siða]

tumor (m)	tumor (m)	[tu'mor]
maligno (adj)	maligno (adj)	[ma'liɣno]
benigno (adj)	benigno (adj)	[be'niɣno]
febre (f)	fiebre (f)	['fjeβre]
malária (f)	malaria (f)	[ma'lʲaria]
gangrena (f)	gangrena (f)	[gan'grena]
enjoo (m)	mareo (m)	[ma'reo]
epilepsia (f)	epilepsia (f)	[epi'lepsia]

epidemia (f)	epidemia (f)	[epi'ðemia]
tifo (m)	tifus (m)	['tifus]
tuberculose (f)	tuberculosis (f)	[tuβerku'lʲosis]
cólera (f)	cólera (f)	['kolera]
peste (f) bubônica	peste (f)	['peste]

48. Sintomas. Tratamentos. Parte 1

sintoma (m)	síntoma (m)	['sintoma]
temperatura (f)	temperatura (f)	[tempera'tura]
febre (f)	fiebre (f)	['fjeβre]
pulso (m)	pulso (m)	['pulʲso]

vertigem (f)	mareo (m)	[ma'reo]
quente (testa, etc.)	caliente (adj)	[ka'ljente]
calafrio (m)	escalofrío (m)	[eskalʲo'frio]
pálido (adj)	pálido (adj)	['paliðo]

tosse (f)	tos (f)	[tos]
tossir (vi)	toser (vi)	[to'ser]
espirrar (vi)	estornudar (vi)	[estornu'ðar]
desmaio (m)	desmayo (m)	[des'majo]
desmaiar (vi)	desmayarse (vr)	[desma'jarse]

mancha (f) preta	moradura (f)	[mora'ðura]
galo (m)	chichón (m)	[tʃi'tʃon]
machucar-se (vr)	golpearse (vr)	[golʲpe'arse]
contusão (f)	magulladura (f)	[maguja'ðura]
machucar-se (vr)	magullarse (vr)	[magu'jarse]

mancar (vi)	cojear (vi)	[koxe'ar]
deslocamento (f)	dislocación (f)	[dislʲoka'θjon]
deslocar (vt)	dislocar (vt)	[dislʲo'kar]
fratura (f)	fractura (f)	[frak'tura]
fraturar (vt)	tener una fractura	[te'ner 'una frak'tura]

corte (m)	corte (m)	['korte]
cortar-se (vr)	cortarse (vr)	[kor'tarse]
hemorragia (f)	hemorragia (f)	[emo'raxia]

queimadura (f)	quemadura (f)	[kema'ðura]
queimar-se (vr)	quemarse (vr)	[ke'marse]

picar (vt)	pincharse (vt)	[pin'tʃarse]
picar-se (vr)	pincharse (vr)	[pin'tʃarse]
lesionar (vt)	herir (vt)	[e'rir]
lesão (m)	herida (f)	[e'riða]
ferida (f), ferimento (m)	lesión (f)	[le'sjon]
trauma (m)	trauma (m)	['trauma]

delirar (vi)	delirar (vi)	[deli'rar]
gaguejar (vi)	tartamudear (vi)	[tartamuðe'ar]
insolação (f)	insolación (f)	[insolʲa'θjon]

49. Sintomas. Tratamentos. Parte 2

dor (f)	dolor (m)	[do'lʲor]
farpa (no dedo, etc.)	astilla (f)	[as'tija]

suor (m)	sudor (m)	[su'ðor]
suar (vi)	sudar (vi)	[su'ðar]
vômito (m)	vómito (m)	['bomito]
convulsões (f pl)	convulsiones (f pl)	[kombulʲ'sjones]

grávida (adj)	embarazada (adj)	[embara'θaða]
nascer (vi)	nacer (vi)	[na'θer]
parto (m)	parto (m)	['parto]
dar à luz	dar a luz	[dar a lʲuθ]
aborto (m)	aborto (m)	[a'βorto]

respiração (f)	respiración (f)	[respira'θjon]
inspiração (f)	inspiración (f)	[inspira'θjon]
expiração (f)	espiración (f)	[espira'θjon]
expirar (vi)	espirar (vi)	[espi'rar]
inspirar (vi)	inspirar (vi)	[inspi'rar]

inválido (m)	inválido (m)	[im'baliðo]
aleijado (m)	mutilado (m)	[muti'lʲaðo]

drogado (m)	drogadicto (m)	[droɣ·a'ðikto]
surdo (adj)	sordo (adj)	['sorðo]
mudo (adj)	mudo (adj)	['muðo]
surdo-mudo (adj)	sordomudo (adj)	[sorðo'muðo]

louco, insano (adj)	loco (adj)	['lʲoko]
louco (m)	loco (m)	['lʲoko]
louca (f)	loca (f)	['lʲoka]
ficar louco	volverse loco	[bolʲ'βerse 'lʲoko]

gene (m)	gen (m)	[χen]
imunidade (f)	inmunidad (f)	[inmuni'ðað]
hereditário (adj)	hereditario (adj)	[ereði'tario]
congênito (adj)	de nacimiento (adj)	[de naθi'mjento]

vírus (m)	virus (m)	['birus]
micróbio (m)	microbio (m)	[mi'kroβio]
bactéria (f)	bacteria (f)	[bak'teria]
infecção (f)	infección (f)	[iɱfek'θjon]

50. Sintomas. Tratamentos. Parte 3

hospital (m)	hospital (m)	[ospi'talʲ]
paciente (m)	paciente (m)	[pa'θjente]

diagnóstico (m)	diagnosis (f)	[dia'ɣnosis]
cura (f)	cura (f)	['kura]
tratamento (m) médico	tratamiento (m)	[trata'mjento]
curar-se (vr)	curarse (vr)	[ku'rarse]
tratar (vt)	tratar (vt)	[tra'tar]
cuidar (pessoa)	cuidar (vt)	[kui'ðar]
cuidado (m)	cuidados (m pl)	[kui'ðaðos]

operação (f)	operación (f)	[opera'θjon]
enfaixar (vt)	vendar (vt)	[ben'dar]
enfaixamento (m)	vendaje (m)	[ben'daχe]

vacinação (f)	vacunación (f)	[bakuna'θjon]
vacinar (vt)	vacunar (vt)	[baku'nar]
injeção (f)	inyección (f)	[injek'θjon]
dar uma injeção	aplicar una inyección	[apli'kar 'una injek'θjon]

ataque (~ de asma, etc.)	ataque (m)	[a'take]
amputação (f)	amputación (f)	[amputa'θjon]
amputar (vt)	amputar (vt)	[ampu'tar]
coma (f)	coma (m)	['koma]
estar em coma	estar en coma	[es'tar en 'koma]
reanimação (f)	revitalización (f)	[reβitaliθa'θjon]

recuperar-se (vr)	recuperarse (vr)	[rekupe'rarse]
estado (~ de saúde)	estado (m)	[es'taðo]
consciência (perder a ~)	consciencia (f)	[kon'θjenθia]
memória (f)	memoria (f)	[me'moria]
tirar (vt)	extraer (vt)	[ekstra'er]

obturação (f)	empaste (m)	[em'paste]
obturar (vt)	empastar (vt)	[empas'tar]

hipnose (f)	hipnosis (f)	[ip'nosis]
hipnotizar (vt)	hipnotizar (vt)	[ipnoti'θar]

51. Médicos

médico (m)	médico (m)	['meðiko]
enfermeira (f)	enfermera (f)	[eɱfer'mera]
médico (m) pessoal	médico (m) personal	['meðiko perso'nalʲ]

dentista (m)	dentista (m)	[den'tista]
oculista (m)	oftalmólogo (m)	[oftalʲ'molʲogo]
terapeuta (m)	internista (m)	[inter'nista]
cirurgião (m)	cirujano (m)	[θiru'χano]

psiquiatra (m)	psiquiatra (m)	[si'kjatra]
pediatra (m)	pediatra (m)	[pe'ðjatra]
psicólogo (m)	psicólogo (m)	[si'kolʲogo]
ginecologista (m)	ginecólogo (m)	[χine'kolʲogo]
cardiologista (m)	cardiólogo (m)	[karði'olʲogo]

52. Medicina. Drogas. Acessórios

medicamento (m)	medicamento (m), droga (f)	[meðika'mento], ['droga]
remédio (m)	remedio (m)	[re'meðio]
receitar (vt)	prescribir	[preskri'βir]
receita (f)	receta (f)	[re'θeta]

comprimido (m)	tableta (f)	[ta'βleta]
unguento (m)	ungüento (m)	[ungu'ento]
ampola (f)	ampolla (f)	[am'poja]
solução, preparado (m)	mixtura (f), mezcla (f)	[miks'tura], ['meθklʲa]
xarope (m)	sirope (m)	[si'rope]
cápsula (f)	píldora (f)	['pilʲdora]
pó (m)	polvo (m)	['polʲβo]

atadura (f)	venda (f)	['benda]
algodão (m)	algodón (m)	[alʲgo'ðon]
iodo (m)	yodo (m)	['joðo]

curativo (m) adesivo	tirita (f), curita (f)	[ti'rita], [ku'rita]
conta-gotas (m)	pipeta (f)	[pi'peta]
termômetro (m)	termómetro (m)	[ter'mometro]
seringa (f)	jeringa (f)	[χe'ringa]

cadeira (f) de rodas	silla (f) de ruedas	['sija de ru'eðas]
muletas (f pl)	muletas (f pl)	[mu'letas]

analgésico (m)	anestésico (m)	[anes'tesiko]
laxante (m)	purgante (m)	[pur'gante]

álcool (m)	**alcohol** (m)	[alˈkoˈolʲ]
ervas (f pl) medicinais	**hierba** (f) **medicinal**	[ˈjerβa meðiθiˈnalʲ]
de ervas (chá ~)	**de hierbas** (adj)	[de ˈjerβas]

HABITAT HUMANO

Cidade

cidade (f)	ciudad (f)	[θju'ðað]
capital (f)	capital (f)	[kapi'talʲ]
aldeia (f)	aldea (f)	[alʲ'ðea]
mapa (m) da cidade	plano (m) de la ciudad	['plʲano de lʲa θju'ðað]
centro (m) da cidade	centro (m) de la ciudad	['θentro de lʲa θju'ðað]
subúrbio (m)	suburbio (m)	[su'βurβio]
suburbano (adj)	suburbano (adj)	[suβur'βano]
periferia (f)	arrabal (m)	[ara'βalʲ]
arredores (m pl)	afueras (f pl)	[afu'eras]
quarteirão (m)	barrio (m)	['bario]
quarteirão (m) residencial	zona (f) de viviendas	['θona de bi'βjendas]
tráfego (m)	tráfico (m)	['trafiko]
semáforo (m)	semáforo (m)	[se'maforo]
transporte (m) público	transporte (m) urbano	[trans'porte ur'βano]
cruzamento (m)	cruce (m)	['kruθe]
faixa (f)	paso (m) de peatones	['paso de pea'tones]
túnel (m) subterrâneo	paso (m) subterráneo	['paso suβte'raneo]
cruzar, atravessar (vt)	cruzar (vt)	[kru'θar]
pedestre (m)	peatón (m)	[pea'ton]
calçada (f)	acera (f)	[a'θera]
ponte (f)	puente (m)	[pu'ente]
margem (f) do rio	muelle (m)	[mu'eje]
fonte (f)	fuente (f)	[fu'ente]
alameda (f)	alameda (f)	[alʲa'meða]
parque (m)	parque (m)	['parke]
bulevar (m)	bulevar (m)	[bule'βar]
praça (f)	plaza (f)	['plʲaθa]
avenida (f)	avenida (f)	[aβe'niða]
rua (f)	calle (f)	['kaje]
travessa (f)	callejón (m)	[kaje'χon]
beco (m) sem saída	callejón (m) sin salida	[kaje'χon sin sa'liða]
casa (f)	casa (f)	['kasa]
edifício, prédio (m)	edificio (m)	[eði'fiθio]
arranha-céu (m)	rascacielos (m)	[raska'θjelʲos]
fachada (f)	fachada (f)	[fa'ʧaða]
telhado (m)	techo (m)	['teʧo]

janela (f)	ventana (f)	[ben'tana]
arco (m)	arco (m)	['arko]
coluna (f)	columna (f)	[ko'lʲumna]
esquina (f)	esquina (f)	[es'kina]

vitrine (f)	escaparate (f)	[eskapa'rate]
letreiro (m)	letrero (m)	[le'trero]
cartaz (do filme, etc.)	cartel (m)	[kar'telʲ]
cartaz (m) publicitário	cartel (m) publicitario	[kar'telʲ puβliθi'tario]
painel (m) publicitário	valla (f) publicitaria	['baja puβliθi'taria]

lixo (m)	basura (f)	[ba'sura]
lata (f) de lixo	cajón (m) de basura	[ka'χon de ba'sura]
jogar lixo na rua	tirar basura	[ti'rar ba'sura]
aterro (m) sanitário	basurero (m)	[basu'rero]

orelhão (m)	cabina (f) telefónica	[ka'βina tele'fonika]
poste (m) de luz	farola (f)	[fa'rolʲa]
banco (m)	banco (m)	['baŋko]

polícia (m)	policía (m)	[poli'θia]
polícia (instituição)	policía (f)	[poli'θia]
mendigo, pedinte (m)	mendigo (m)	[men'digo]
desabrigado (m)	persona (f) sin hogar	[per'sona sin o'gar]

54. Instituições urbanas

loja (f)	tienda (f)	['tjenda]
drogaria (f)	farmacia (f)	[far'maθia]
ótica (f)	óptica (f)	['optika]
centro (m) comercial	centro (m) comercial	['θentro komer'θjalʲ]
supermercado (m)	supermercado (m)	[supermer'kaðo]

padaria (f)	panadería (f)	[panaðe'ria]
padeiro (m)	panadero (m)	[pana'ðero]
pastelaria (f)	pastelería (f)	[pastele'ria]
mercearia (f)	tienda (f) de comestibles	['tjenda de komes'tiβles]
açougue (m)	carnicería (f)	[karniθe'ria]

| fruteira (f) | verdulería (f) | [berðule'ria] |
| mercado (m) | mercado (m) | [mer'kaðo] |

cafeteria (f)	cafetería (f)	[kafete'ria]
restaurante (m)	restaurante (m)	[restau'rante]
bar (m)	cervecería (f)	[θerβeθe'ria]
pizzaria (f)	pizzería (f)	[pitse'ria]

salão (m) de cabeleireiro	peluquería (f)	[pelʲuke'ria]
agência (f) dos correios	oficina (f) de correos	[ofi'θina de ko'reos]
lavanderia (f)	tintorería (f)	[tintore'ria]
estúdio (m) fotográfico	estudio (m) fotográfico	[es'tuðjo foto'ɣrafiko]

| sapataria (f) | zapatería (f) | [θapate'ria] |
| livraria (f) | librería (f) | [liβre'ria] |

loja (f) de artigos esportivos	tienda (f) deportiva	['tjenda depor'tiβa]
costureira (m)	arreglos (m pl) de ropa	[a'reɣlʲos de 'ropa]
aluguel (m) de roupa	alquiler (m) de ropa	[alʲki'ler de 'ropa]
videolocadora (f)	videoclub (m)	[biðeo·'klʲuβ]

circo (m)	circo (m)	['θirko]
jardim (m) zoológico	zoológico (m)	[θoo'lʲoχiko]
cinema (m)	cine (m)	['θine]
museu (m)	museo (m)	[mu'seo]
biblioteca (f)	biblioteca (f)	[biβlio'teka]

teatro (m)	teatro (m)	[te'atro]
ópera (f)	ópera (f)	['opera]
boate (casa noturna)	club (m) nocturno	[klʲuβ nok'turno]
cassino (m)	casino (m)	[ka'sino]

mesquita (f)	mezquita (f)	[meθ'kita]
sinagoga (f)	sinagoga (f)	[sina'goga]
catedral (f)	catedral (f)	[kate'ðralʲ]
templo (m)	templo (m)	['templʲo]
igreja (f)	iglesia (f)	[i'ɣlesia]

faculdade (f)	instituto (m)	[insti'tuto]
universidade (f)	universidad (f)	[uniβersi'ðað]
escola (f)	escuela (f)	[esku'elʲa]

prefeitura (f)	prefectura (f)	[prefek'tura]
câmara (f) municipal	alcaldía (f)	[alʲkalʲ'ðia]
hotel (m)	hotel (m)	[o'telʲ]
banco (m)	banco (m)	['baŋko]

embaixada (f)	embajada (f)	[emba'χaða]
agência (f) de viagens	agencia (f) de viajes	[a'χenθja de 'bjaχes]
agência (f) de informações	oficina (f) de información	[ofi'θina de iɱforma'θjon]
casa (f) de câmbio	oficina (f) de cambio	[ofi'θina de 'kambio]

metrô (m)	metro (m)	['metro]
hospital (m)	hospital (m)	[ospi'talʲ]

posto (m) de gasolina	gasolinera (f)	[gasoli'nera]
parque (m) de estacionamento	aparcamiento (m)	[aparka'mjento]

55. Sinais

letreiro (m)	letrero (m)	[le'trero]
aviso (m)	cartel (m)	[kar'telʲ]
cartaz, pôster (m)	pancarta (f)	[paŋ'karta]
placa (f) de direção	señal (m) de dirección	[se'njalʲ de direk'θjon]
seta (f)	flecha (f)	['fleʧa]

aviso (advertência)	advertencia (f)	[aðβer'tenθia]
sinal (m) de aviso	aviso (m)	[a'βiso]
avisar, advertir (vt)	advertir (vt)	[aðβer'tir]
dia (m) de folga	día (m) de descanso	['dia de des'kanso]

horário (~ dos trens, etc.)	**horario** (m)	[o'rario]
horário (m)	**horario** (m) **de apertura**	[o'rarjo de aper'tura]
BEM-VINDOS!	**¡BIENVENIDOS!**	[bjembe'niðos]
ENTRADA	**ENTRADA**	[en'traða]
SAÍDA	**SALIDA**	[sa'liða]
EMPURRE	**EMPUJAR**	[empu'χar]
PUXE	**TIRAR**	[ti'rar]
ABERTO	**ABIERTO**	[a'βjerto]
FECHADO	**CERRADO**	[θe'raðo]
MULHER	**MUJERES**	[mu'χeres]
HOMEM	**HOMBRES**	['ombres]
DESCONTOS	**REBAJAS**	[re'βaχas]
SALDOS, PROMOÇÃO	**SALDOS**	['salʲdos]
NOVIDADE!	**NOVEDAD**	[noβe'ðað]
GRÁTIS	**GRATIS**	['gratis]
ATENÇÃO!	**¡ATENCIÓN!**	[aten'θjon]
NÃO HÁ VAGAS	**COMPLETO**	[kom'pleto]
RESERVADO	**RESERVADO**	[reser'βaðo]
ADMINISTRAÇÃO	**ADMINISTRACIÓN**	[aðministra'θjon]
SOMENTE PESSOAL	**SÓLO PERSONAL**	['sol?o perso'nal?
AUTORIZADO	**AUTORIZADO**	autori'?a?o]
CUIDADO CÃO FEROZ	**CUIDADO CON EL PERRO**	[kui'ðaðo kon elʲ 'pero]
PROIBIDO FUMAR!	**PROHIBIDO FUMAR**	[proi'βiðo fu'mar]
NÃO TOCAR	**NO TOCAR**	[no to'kar]
PERIGOSO	**PELIGROSO**	[peli'ɣroso]
PERIGO	**PELIGRO**	[pe'liɣro]
ALTA TENSÃO	**ALTA TENSIÓN**	['alʲta ten'sjon]
PROIBIDO NADAR	**PROHIBIDO BAÑARSE**	[proi'βiðo ba'njarse]
COM DEFEITO	**NO FUNCIONA**	[no fun'θjona]
INFLAMÁVEL	**INFLAMABLE**	[imflʲa'maβle]
PROIBIDO	**PROHIBIDO**	[proi'βiðo]
ENTRADA PROIBIDA	**PROHIBIDO EL PASO**	[proi'βiðo elʲ 'paso]
CUIDADO TINTA FRESCA	**RECIÉN PINTADO**	[re'θjen pin'taðo]

56. Transportes urbanos

ônibus (m)	**autobús** (m)	[auto'βus]
bonde (m) elétrico	**tranvía** (m)	[tram'bia]
trólebus (m)	**trolebús** (m)	[trole'βus]
rota (f), itinerário (m)	**itinerario** (m)	[itine'rario]
número (m)	**número** (m)	['numero]
ir de … (carro, etc.)	**ir en …**	[ir en]
entrar no …	**tomar** (vt)	[to'mar]
descer do …	**bajar del …**	[ba'χar delʲ]

Português	Espanhol	Pronúncia
parada (f)	parada (f)	[pa'raða]
próxima parada (f)	próxima parada (f)	['proksima pa'raða]
terminal (m)	parada (f) final	[pa'raða fi'nalʲ]
horário (m)	horario (m)	[o'rario]
esperar (vt)	esperar (vt)	[espe'rar]
passagem (f)	billete (m)	[bi'jete]
tarifa (f)	precio (m) del billete	['preθjo delʲ bi'jete]
bilheteiro (m)	cajero (m)	[ka'χero]
controle (m) de passagens	control (m) de billetes	[kon'trolʲ de bi'jetes]
revisor (m)	revisor (m)	[rebi'sor]
atrasar-se (vr)	llegar tarde (vi)	[je'gar 'tarðe]
perder (o autocarro, etc.)	perder (vt)	[per'ðer]
estar com pressa	tener prisa	[te'ner 'prisa]
táxi (m)	taxi (m)	['taksi]
taxista (m)	taxista (m)	[ta'ksista]
de táxi (ir ~)	en taxi	[en 'taksi]
ponto (m) de táxis	parada (f) de taxi	[pa'raða de 'taksi]
chamar um táxi	llamar un taxi	[ja'mar un 'taksi]
pegar um táxi	tomar un taxi	[to'mar un 'taksi]
tráfego (m)	tráfico (m)	['trafiko]
engarrafamento (m)	atasco (m)	[a'tasko]
horas (f pl) de pico	horas (f pl) de punta	['oras de 'punta]
estacionar (vi)	aparcar (vi)	[apar'kar]
estacionar (vt)	aparcar (vt)	[apar'kar]
parque (m) de estacionamento	aparcamiento (m)	[aparka'mjento]
metrô (m)	metro (m)	['metro]
estação (f)	estación (f)	[esta'θjon]
ir de metrô	ir en el metro	[ir en elʲ 'metro]
trem (m)	tren (m)	['tren]
estação (f) de trem	estación (f)	[esta'θjon]

57. Turismo

Português	Espanhol	Pronúncia
monumento (m)	monumento (m)	[monu'mento]
fortaleza (f)	fortaleza (f)	[forta'leθa]
palácio (m)	palacio (m)	[pa'lʲaθio]
castelo (m)	castillo (m)	[kas'tijo]
torre (f)	torre (f)	['tore]
mausoléu (m)	mausoleo (m)	[mauso'leo]
arquitetura (f)	arquitectura (f)	[arkitek'tura]
medieval (adj)	medieval (adj)	[meðje'βalʲ]
antigo (adj)	antiguo (adj)	[an'tiguo]
nacional (adj)	nacional (adj)	[naθjo'nalʲ]
famoso, conhecido (adj)	conocido (adj)	[kono'θiðo]
turista (m)	turista (m)	[tu'rista]
guia (pessoa)	guía (m)	['gia]

excursão (f)	**excursión** (f)	[eskur'θjon]
mostrar (vt)	**mostrar** (vt)	[mos'trar]
contar (vt)	**contar** (vt)	[kon'tar]

encontrar (vt)	**encontrar** (vt)	[eŋkon'trar]
perder-se (vr)	**perderse** (vr)	[per'ðerse]
mapa (~ do metrô)	**plano** (m), **mapa** (m)	['plʲano], ['mapa]
mapa (~ da cidade)	**mapa** (m)	['mapa]

lembrança (f), presente (m)	**recuerdo** (m)	[reku'erðo]
loja (f) de presentes	**tienda** (f) **de regalos**	['tjenda de re'galʲos]
tirar fotos, fotografar	**hacer fotos**	[a'θer 'fotos]
fotografar-se (vr)	**fotografiarse** (vr)	[fotoɣra'fjarse]

58. Compras

comprar (vt)	**comprar** (vt)	[kom'prar]
compra (f)	**compra** (f)	['kompra]
fazer compras	**hacer compras**	[a'θer 'kompras]
compras (f pl)	**compras** (f pl)	['kompras]

estar aberta (loja)	**estar abierto**	[es'tar a'βjerto]
estar fechada	**estar cerrado**	[es'tar θe'raðo]

calçado (m)	**calzado** (m)	[kalʲ'θaðo]
roupa (f)	**ropa** (f)	['ropa]
cosméticos (m pl)	**cosméticos** (m pl)	[kos'metikos]
alimentos (m pl)	**productos alimenticios**	[pro'ðuktos alimen'tiθjos]
presente (m)	**regalo** (m)	[re'galʲo]

vendedor (m)	**vendedor** (m)	[bende'ðor]
vendedora (f)	**vendedora** (f)	[bende'ðora]

caixa (f)	**caja** (f)	['kaχa]
espelho (m)	**espejo** (m)	[es'peχo]
balcão (m)	**mostrador** (m)	[mostra'ðor]
provador (m)	**probador** (m)	[proβa'ðor]

provar (vt)	**probar** (vt)	[pro'βar]
servir (roupa, caber)	**quedar** (vi)	[ke'ðar]
gostar (apreciar)	**gustar** (vi)	[gus'tar]

preço (m)	**precio** (m)	['preθio]
etiqueta (f) de preço	**etiqueta** (f) **de precio**	[eti'keta de 'preθio]
custar (vt)	**costar** (vt)	[kos'tar]
Quanto?	**¿Cuánto?**	[ku'anto]
desconto (m)	**descuento** (m)	[desku'ento]

não caro (adj)	**no costoso** (adj)	[no kos'toso]
barato (adj)	**barato** (adj)	[ba'rato]
caro (adj)	**caro** (adj)	['karo]
É caro	**Es caro**	[es 'karo]
aluguel (m)	**alquiler** (m)	[alʲki'ler]
alugar (roupas, etc.)	**alquilar** (vt)	[alʲki'lʲar]

crédito (m)	crédito (m)	['kreðito]
a crédito	a crédito (adv)	[a 'kreðito]

59. Dinheiro

dinheiro (m)	dinero (m)	[di'nero]
câmbio (m)	cambio (m)	['kambio]
taxa (f) de câmbio	curso (m)	['kurso]
caixa (m) eletrônico	cajero (m) automático	[ka'χero auto'matiko]
moeda (f)	moneda (f)	[mo'neða]

dólar (m)	dólar (m)	['doľar]
euro (m)	euro (m)	['euro]

lira (f)	lira (f)	['lira]
marco (m)	marco (m) alemán	['marko ale'man]
franco (m)	franco (m)	['fraŋko]
libra (f) esterlina	libra esterlina (f)	['liβra ester'lina]
iene (m)	yen (m)	[jen]

dívida (f)	deuda (f)	['deuða]
devedor (m)	deudor (m)	[deu'ðor]
emprestar (vt)	prestar (vt)	[pres'tar]
pedir emprestado	tomar prestado	[to'mar pres'taðo]

banco (m)	banco (m)	['baŋko]
conta (f)	cuenta (f)	[ku'enta]
depositar (vt)	ingresar (vt)	[ingre'sar]
depositar na conta	ingresar en la cuenta	[ingre'sar en ľa ku'enta]
sacar (vt)	sacar de la cuenta	[sa'kar de ľa ku'enta]

cartão (m) de crédito	tarjeta (f) de crédito	[tar'χeta de 'kreðito]
dinheiro (m) vivo	dinero (m) en efectivo	[di'nero en efek'tiβo]
cheque (m)	cheque (m)	['tʃeke]
passar um cheque	sacar un cheque	[sa'kar un 'tʃeke]
talão (m) de cheques	talonario (m)	[taľo'nario]

carteira (f)	cartera (f)	[kar'tera]
niqueleira (f)	monedero (m)	[mone'ðero]
cofre (m)	caja (f) fuerte	['kaχa fu'erte]

herdeiro (m)	heredero (m)	[ere'ðero]
herança (f)	herencia (f)	[e'renθia]
fortuna (riqueza)	fortuna (f)	[for'tuna]

arrendamento (m)	arriendo (m)	[a'rjendo]
aluguel (pagar o ~)	alquiler (m)	[alʲki'ler]
alugar (vt)	alquilar (vt)	[alʲki'ľar]

preço (m)	precio (m)	['preθio]
custo (m)	coste (m)	['koste]
soma (f)	suma (f)	['suma]
gastar (vt)	gastar (vt)	[gas'tar]
gastos (m pl)	gastos (m pl)	['gastos]

economizar (vi)	economizar (vi, vt)	[ekonomi'θar]
econômico (adj)	económico (adj)	[eko'nomiko]

pagar (vt)	pagar (vi, vt)	[pa'gar]
pagamento (m)	pago (m)	['pago]
troco (m)	cambio (m)	['kambio]

imposto (m)	impuesto (m)	[impu'esto]
multa (f)	multa (f)	['mulʲta]
multar (vt)	multar (vt)	[mulʲ'tar]

60. Correios. Serviço postal

agência (f) dos correios	oficina (f) de correos	[ofi'θina de ko'reos]
correio (m)	correo (m)	[ko'reo]
carteiro (m)	cartero (m)	[kar'tero]
horário (m)	horario (m) de apertura	[o'rarjo de aper'tura]

carta (f)	carta (f)	['karta]
carta (f) registada	carta (f) certificada	['karta θertifi'kaða]
cartão (m) postal	tarjeta (f) postal	[tar'χeta pos'talʲ]
telegrama (m)	telegrama (m)	[tele'ɣrama]
encomenda (f)	paquete (m) postal	[pa'kete pos'talʲ]
transferência (f) de dinheiro	giro (m) postal	['χiro pos'talʲ]

receber (vt)	recibir (vt)	[reθi'βir]
enviar (vt)	enviar (vt)	[em'bjar]
envio (m)	envío (m)	[em'bio]

endereço (m)	dirección (f)	[direk'θjon]
código (m) postal	código (m) postal	['koðigo pos'talʲ]
remetente (m)	expedidor (m)	[ekspeði'ðor]
destinatário (m)	destinatario (m)	[destina'tario]

nome (m)	nombre (m)	['nombre]
sobrenome (m)	apellido (m)	[ape'ʝiðo]

tarifa (f)	tarifa (f)	[ta'rifa]
ordinário (adj)	ordinario (adj)	[orði'nario]
econômico (adj)	económico (adj)	[eko'nomiko]

peso (m)	peso (m)	['peso]
pesar (estabelecer o peso)	pesar (vt)	[pe'sar]
envelope (m)	sobre (m)	['soβre]
selo (m) postal	sello (m)	['sejo]
colar o selo	poner un sello	[po'ner un 'sejo]

Moradia. Casa. Lar

61. Casa. Eletricidade

eletricidade (f)	electricidad (f)	[elektriθi'ðað]
lâmpada (f)	bombilla (f)	[bom'bija]
interruptor (m)	interruptor (m)	[interup'tor]
fusível, disjuntor (m)	fusible (m)	[fu'siβle]
fio, cabo (m)	cable, hilo (m)	['kaβle], ['iljo]
instalação (f) elétrica	instalación (f) eléctrica	[instalja'θjon e'lektrika]
medidor (m) de eletricidade	contador (m) de luz	[konta'ðor de ljuθ]
indicação (f), registro (m)	lectura (f)	[lek'tura]

62. Moradia. Mansão

casa (f) de campo	casa (f) de campo	['kasa de 'kampo]
vila (f)	villa (f)	['bija]
ala (~ do edifício)	ala (f)	['alja]
jardim (m)	jardín (m)	[χar'ðin]
parque (m)	parque (m)	['parke]
estufa (f)	invernadero (m)	[imberna'ðero]
cuidar de ...	cuidar (vt)	[kui'ðar]
piscina (f)	piscina (f)	[pi'θina]
academia (f) de ginástica	gimnasio (m)	[χim'nasio]
quadra (f) de tênis	cancha (f) de tenis	['kantʃa de 'tenis]
cinema (m)	sala (f) de cine	['salja de 'θine]
garagem (f)	garaje (m)	[ga'raχe]
propriedade (f) privada	propiedad (f) privada	[propje'ðað pri'βaða]
terreno (m) privado	terreno (m) privado	[te'reno pri'βaðo]
advertência (f)	advertencia (f)	[aðβer'tenθia]
sinal (m) de aviso	letrero (m) de aviso	[le'trero de a'βiθo]
guarda (f)	seguridad (f)	[seguri'ðað]
guarda (m)	guardia (m) de seguridad	[gu'arðja de seguri'ðað]
alarme (m)	alarma (f) antirrobo	[a'ljarma anti'roβo]

63. Apartamento

apartamento (m)	apartamento (m)	[aparta'mento]
quarto, cômodo (m)	habitación (f)	[aβita'θjon]
quarto (m) de dormir	dormitorio (m)	[dormi'torio]

sala (f) de jantar	comedor (m)	[kome'ðor]
sala (f) de estar	salón (m)	[sa'lⁱon]
escritório (m)	despacho (m)	[des'patʃo]

sala (f) de entrada	antecámara (f)	[ante'kamara]
banheiro (m)	cuarto (m) de baño	[ku'arto de 'banjo]
lavabo (m)	servicio (m)	[ser'βiθio]

teto (m)	techo (m)	['tetʃo]
chão, piso (m)	suelo (m)	[su'elⁱo]
canto (m)	rincón (m)	[rin'kon]

64. Mobiliário. Interior

mobiliário (m)	muebles (m pl)	[mu'eβles]
mesa (f)	mesa (f)	['mesa]
cadeira (f)	silla (f)	['sija]
cama (f)	cama (f)	['kama]

sofá, divã (m)	sofá (m)	[so'fa]
poltrona (f)	sillón (m)	[si'jon]

estante (f)	librería (f)	[liβre'ria]
prateleira (f)	estante (m)	[es'tante]

guarda-roupas (m)	armario (m)	[ar'mario]
cabide (m) de parede	percha (f)	['pertʃa]
cabideiro (m) de pé	perchero (m) de pie	[per'tʃero de pje]

cômoda (f)	cómoda (f)	['komoða]
mesinha (f) de centro	mesa (f) de café	['mesa de ka'fe]
espelho (m)	espejo (m)	[es'peχo]

tapete (m)	tapiz (m)	[ta'piθ]
tapete (m) pequeno	alfombra (f)	[alⁱ'fombra]

lareira (f)	chimenea (f)	[tʃime'nea]
vela (f)	vela (f)	['belⁱa]
castiçal (m)	candelero (m)	[kande'lero]

cortinas (f pl)	cortinas (f pl)	[kor'tinas]
papel (m) de parede	empapelado (m)	[empape'lⁱaðo]
persianas (f pl)	estor (m) de láminas	[es'tor de 'lⁱaminas]

luminária (f) de mesa	lámpara (f) de mesa	['lⁱampara de 'mesa]
luminária (f) de parede	aplique (m)	[ap'like]

abajur (m) de pé	lámpara (f) de pie	['lⁱampara de pje]
lustre (m)	lámpara (f) de araña	['lⁱampara de a'ranja]

pé (de mesa, etc.)	pata (f)	['pata]
braço, descanso (m)	brazo (m)	['braθo]
costas (f pl)	espaldar (m)	[espalⁱ'ðar]
gaveta (f)	cajón (m)	[ka'χon]

65. Quarto de dormir

roupa (f) de cama	**ropa** (f) **de cama**	['ropa de 'kama]
travesseiro (m)	**almohada** (f)	[alʲmo'aða]
fronha (f)	**funda** (f)	['funda]
cobertor (m)	**manta** (f)	['manta]
lençol (m)	**sábana** (f)	['saβana]
colcha (f)	**sobrecama** (f)	[soβre'kama]

66. Cozinha

cozinha (f)	**cocina** (f)	[ko'θina]
gás (m)	**gas** (m)	[gas]
fogão (m) a gás	**cocina** (f) **de gas**	[ko'θina de 'gas]
fogão (m) elétrico	**cocina** (f) **eléctrica**	[ko'θina e'lektrika]
forno (m)	**horno** (m)	['orno]
forno (m) de micro-ondas	**horno** (m) **microondas**	['orno mikro·'ondas]
geladeira (f)	**frigorífico** (m)	[frigo'rifiko]
congelador (m)	**congelador** (m)	[konχelʲa'ðor]
máquina (f) de lavar louça	**lavavajillas** (m)	['lʲaβa·βa'χijas]
moedor (m) de carne	**picadora** (f) **de carne**	[pika'ðora de 'karne]
espremedor (m)	**exprimidor** (m)	[eksprimi'ðor]
torradeira (f)	**tostador** (m)	[tosta'ðor]
batedeira (f)	**batidora** (f)	[bati'ðora]
máquina (f) de café	**cafetera** (f)	[kafe'tera]
cafeteira (f)	**cafetera** (f)	[kafe'tera]
moedor (m) de café	**molinillo** (m) **de café**	[moli'nijo de ka'fe]
chaleira (f)	**hervidor** (m) **de agua**	[erβi'ðor de 'agua]
bule (m)	**tetera** (f)	[te'tera]
tampa (f)	**tapa** (f)	['tapa]
coador (m) de chá	**colador** (m) **de té**	[kolʲa'ðor de te]
colher (f)	**cuchara** (f)	[ku'tʃara]
colher (f) de chá	**cucharilla** (f)	[kutʃa'rija]
colher (f) de sopa	**cuchara** (f) **de sopa**	[ku'tʃara de 'sopa]
garfo (m)	**tenedor** (m)	[tene'ðor]
faca (f)	**cuchillo** (m)	[ku'tʃijo]
louça (f)	**vajilla** (f)	[ba'χija]
prato (m)	**plato** (m)	['plʲato]
pires (m)	**platillo** (m)	[plʲa'tijo]
cálice (m)	**vaso** (m) **de chupito**	['baso de tʃu'pito]
copo (m)	**vaso** (m)	['baso]
xícara (f)	**taza** (f)	['taθa]
açucareiro (m)	**azucarera** (f)	[aθuka'rera]
saleiro (m)	**salero** (m)	[sa'lero]
pimenteiro (m)	**pimentero** (m)	[pimen'tero]

manteigueira (f)	**mantequera** (f)	[mante'kera]
panela (f)	**cacerola** (f)	[kaθe'ro|ʲa]
frigideira (f)	**sartén** (f)	[sar'ten]
concha (f)	**cucharón** (m)	[kutʃa'ron]
coador (m)	**colador** (m)	[kolʲa'ðor]
bandeja (f)	**bandeja** (f)	[ban'deχa]

garrafa (f)	**botella** (f)	[bo'teja]
pote (m) de vidro	**tarro** (m) **de vidrio**	['taro de 'biðrio]
lata (~ de cerveja)	**lata** (f)	['lʲata]

abridor (m) de garrafa	**abrebotellas** (m)	[aβre·βo'tejas]
abridor (m) de latas	**abrelatas** (m)	[aβre·'lʲatas]
saca-rolhas (m)	**sacacorchos** (m)	[saka'kortʃos]
filtro (m)	**filtro** (m)	['filʲtro]
filtrar (vt)	**filtrar** (vt)	[filʲ'trar]

lixo (m)	**basura** (f)	[ba'sura]
lixeira (f)	**cubo** (m) **de basura**	['kuβo de ba'sura]

67. Casa de banho

banheiro (m)	**cuarto** (m) **de baño**	[ku'arto de 'banjo]
água (f)	**agua** (f)	['agua]
torneira (f)	**grifo** (m)	['grifo]
água (f) quente	**agua** (f) **caliente**	['agua ka'ljente]
água (f) fria	**agua** (f) **fría**	['agua 'fria]

pasta (f) de dente	**pasta** (f) **de dientes**	['pasta de 'djentes]
escovar os dentes	**limpiarse los dientes**	[lim'pjarse los 'djentes]
escova (f) de dente	**cepillo** (m) **de dientes**	[θe'pijo de 'djentes]

barbear-se (vr)	**afeitarse** (vr)	[afej'tarse]
espuma (f) de barbear	**espuma** (f) **de afeitar**	[es'puma de afej'tar]
gilete (f)	**maquinilla** (f) **de afeitar**	[maki'nija de afej'tar]

lavar (vt)	**lavar** (vt)	[lʲa'βar]
tomar banho	**darse un baño**	['darse un 'banjo]
chuveiro (m), ducha (f)	**ducha** (f)	['dutʃa]
tomar uma ducha	**darse una ducha**	['darse 'una 'dutʃa]

banheira (f)	**bañera** (f)	[ba'njera]
vaso (m) sanitário	**inodoro** (m)	[ino'ðoro]
pia (f)	**lavabo** (m)	[lʲa'βaβo]

sabonete (m)	**jabón** (m)	[χa'βon]
saboneteira (f)	**jabonera** (f)	[χaβo'nera]

esponja (f)	**esponja** (f)	[es'ponχa]
xampu (m)	**champú** (m)	[tʃam'pu]
toalha (f)	**toalla** (f)	[to'aja]
roupão (m) de banho	**bata** (f) **de baño**	['bata de 'banjo]
lavagem (f)	**colada** (f), **lavado** (m)	[ko'lʲaða], [lʲa'βaðo]
lavadora (f) de roupas	**lavadora** (f)	[lʲaβa'ðora]

| lavar a roupa | **lavar la ropa** | [lʲa'βar lʲa 'ropa] |
| detergente (m) | **detergente** (m) **en polvo** | [deter'χente en 'polʲβo] |

68. Eletrodomésticos

televisor (m)	**televisor** (m)	[teleβi'sor]
gravador (m)	**magnetófono** (m)	[maɣne'tofono]
videogravador (m)	**vídeo** (m)	['biðeo]
rádio (m)	**radio** (m)	['raðio]
leitor (m)	**reproductor** (m)	[reproðuk'tor]

projetor (m)	**proyector** (m) **de vídeo**	[projek'tor de 'biðeo]
cinema (m) em casa	**sistema** (m) **home cinema**	[sis'tema 'χoum 'θinema]
DVD Player (m)	**reproductor** (m) **de DVD**	reproðuk'tor de deβe'de]
amplificador (m)	**amplificador** (m)	[amplifika'ðor]
console (f) de jogos	**videoconsola** (f)	[biðeo·kon'solʲa]

câmera (f) de vídeo	**cámara** (f) **de vídeo**	['kamara de 'biðeo]
máquina (f) fotográfica	**cámara** (f) **fotográfica**	['kamara foto'ɣrafika]
câmera (f) digital	**cámara** (f) **digital**	['kamara diχi'talʲ]

aspirador (m)	**aspirador** (m), **aspiradora** (f)	[aspira'ðor], [aspira'ðora]
ferro (m) de passar	**plancha** (f)	['plʲantʃa]
tábua (f) de passar	**tabla** (f) **de planchar**	['taβlʲa de plʲan'tʃar]

telefone (m)	**teléfono** (m)	[te'lefono]
celular (m)	**teléfono** (m) **móvil**	[te'lefono 'moβilʲ]
máquina (f) de escrever	**máquina** (f) **de escribir**	['makina de eskri'βir]
máquina (f) de costura	**máquina** (f) **de coser**	['makina de ko'ser]

microfone (m)	**micrófono** (m)	[mi'krofono]
fone (m) de ouvido	**auriculares** (m pl)	[auriku'lʲares]
controle remoto (m)	**mando** (m) **a distancia**	['mando a dis'tanθia]

CD (m)	**disco compacto** (m)	['disko kom'pakto]
fita (f) cassete	**casete** (m)	[ka'sete]
disco (m) de vinil	**disco** (m) **de vinilo**	['disko de bi'nilʲo]

ATIVIDADES HUMANAS

Emprego. Negócios. Parte 1

69. Escritório. O trabalho no escritório

escritório (~ de advogados)	oficina (f)	[ofi'θina]
escritório (do diretor, etc.)	despacho (m)	[des'patʃo]
recepção (f)	recepción (f)	[resep'θjon]
secretário (m)	secretario (m)	[sekre'tario]
secretária (f)	secretaria (f)	[sekre'taria]
diretor (m)	director (m)	[direk'tor]
gerente (m)	manager (m)	['meneχer]
contador (m)	contable (m)	[kon'taβle]
empregado (m)	colaborador (m)	[kolʲaβora'ðor]
mobiliário (m)	muebles (m pl)	[mu'eβles]
mesa (f)	escritorio (m)	[eskri'torio]
cadeira (f)	silla (f)	['sija]
gaveteiro (m)	cajonera (f)	[kaχo'nera]
cabideiro (m) de pé	perchero (m) de pie	[per'tʃero de pje]
computador (m)	ordenador (m)	[orðena'ðor]
impressora (f)	impresora (f)	[impre'sora]
fax (m)	fax (m)	['faks]
fotocopiadora (f)	fotocopiadora (f)	[foto·kopia'ðora]
papel (m)	papel (m)	[pa'pelʲ]
artigos (m pl) de escritório	papelería (f)	[papele'ria]
tapete (m) para mouse	alfombrilla (f) para ratón	[alʲfom'brija 'para ra'ton]
folha (f)	hoja (f)	['oχa]
pasta (f)	carpeta (f)	[kar'peta]
catálogo (m)	catálogo (m)	[ka'talʲogo]
lista (f) telefônica	directorio (m) telefónico	[direk'torio tele'foniko]
documentação (f)	documentación (f)	[dokumenta'θjon]
brochura (f)	folleto (m)	[fo'jeto]
panfleto (m)	prospecto (m)	[pros'pekto]
amostra (f)	muestra (f)	[mu'estra]
formação (f)	reunión (f) de formación	[reu'njon de forma'θjon]
reunião (f)	reunión (f)	[reu'njon]
hora (f) de almoço	pausa (f) del almuerzo	['pausa del almu'erθo]
fazer uma cópia	hacer una copia	[a'θer 'una 'kopia]
tirar cópias	hacer copias	[a'θer 'kopias]
receber um fax	recibir un fax	[reθi'βir un 'faks]
enviar um fax	enviar un fax	[em'bjar un 'faks]

fazer uma chamada	llamar por teléfono	[ja'mar por te'lefono]
responder (vt)	responder (vi, vt)	[respon'der]
passar (vt)	poner en comunicación	[po'ner en komunika'θjon]

marcar (vt)	fijar (vt)	[fi'χar]
demonstrar (vt)	demostrar (vt)	[demos'trar]
estar ausente	estar ausente	[es'tar au'sente]
ausência (f)	ausencia (f)	[au'senθia]

70. Processos negociais. Parte 1

negócio (m)	negocio (m), comercio (m)	[ne'goθio], [ko'merθio]
ocupação (f)	ocupación (f)	[okupa'θjon]
firma, empresa (f)	firma (f)	['firma]
companhia (f)	compañía (f)	[kompa'njia]
corporação (f)	corporación (f)	[korpora'θjon]
empresa (f)	empresa (f)	[em'presa]
agência (f)	agencia (f)	[a'χenθia]

acordo (documento)	acuerdo (m)	[aku'erðo]
contrato (m)	contrato (m)	[kon'trato]
acordo (transação)	trato (m), acuerdo (m)	['trato], [aku'erðo]
pedido (m)	pedido (m)	[pe'ðiðo]
termos (m pl)	condición (f)	[kondi'θjon]

por atacado	al por mayor (adv)	[alʲ por ma'jor]
por atacado (adj)	al por mayor (adj)	[alʲ por ma'jor]
venda (f) por atacado	venta (f) al por mayor	['benta alʲ por ma'jor]
a varejo	al por menor (adj)	[alʲ por me'nor]
venda (f) a varejo	venta (f) al por menor	['benta alʲ por me'nor]

concorrente (m)	competidor (m)	[kompeti'ðor]
concorrência (f)	competencia (f)	[kompe'tenθia]
competir (vi)	competir (vi)	[kompe'tir]

sócio (m)	socio (m)	['soθio]
parceria (f)	sociedad (f)	[soθje'ðað]

crise (f)	crisis (f)	['krisis]
falência (f)	bancarrota (f)	[baŋka'rota]
entrar em falência	ir a la bancarrota	[ir a lʲa baŋka'rota]
dificuldade (f)	dificultad (f)	[difikulʲ'tað]
problema (m)	problema (m)	[pro'βlema]
catástrofe (f)	catástrofe (f)	[ka'tastrofe]

economia (f)	economía (f)	[ekono'mia]
econômico (adj)	económico (adj)	[eko'nomiko]
recessão (f) econômica	recesión (f) económica	[rese'θjon eko'nomika]

objetivo (m)	meta (f)	['meta]
tarefa (f)	objetivo (m)	[oβχe'tiβo]

comerciar (vi, vt)	comerciar (vi)	[komer'θjar]
rede (de distribuição)	red (f)	[reð]

estoque (m)	existencias (f pl)	[eksis'tenθias]
sortimento (m)	surtido (m)	[sur'tiðo]
líder (m)	líder (m)	['liðer]
grande (~ empresa)	grande (adj)	['grande]
monopólio (m)	monopolio (m)	[mono'polio]
teoria (f)	teoría (f)	[teo'ria]
prática (f)	práctica (f)	['praktika]
experiência (f)	experiencia (f)	[ekspe'rjenθia]
tendência (f)	tendencia (f)	[ten'denθia]
desenvolvimento (m)	desarrollo (m)	[desa'rojo]

71. Processos negociais. Parte 2

rentabilidade (f)	rentabilidad (f)	[rentaβili'ðað]
rentável (adj)	rentable (adj)	[ren'taβle]
delegação (f)	delegación (f)	[delega'θjon]
salário, ordenado (m)	salario (m)	[sa'lʲario]
corrigir (~ um erro)	corregir (vt)	[kore'χir]
viagem (f) de negócios	viaje (m) de negocios	['bjaχe de ne'goθjos]
comissão (f)	comisión (f)	[komi'sjon]
controlar (vt)	controlar (vt)	[kontro'lʲar]
conferência (f)	conferencia (f)	[koɱfe'renθia]
licença (f)	licencia (f)	[li'θenθia]
confiável (adj)	fiable (adj)	['fjaβle]
empreendimento (m)	iniciativa (f)	[iniθja'tiβa]
norma (f)	norma (f)	['norma]
circunstância (f)	circunstancia (f)	[θirkuns'tanθia]
dever (do empregado)	deber (m)	[de'βer]
empresa (f)	empresa (f)	[em'presa]
organização (f)	organización (f)	[organiθa'θjon]
organizado (adj)	organizado (adj)	[organi'θaðo]
anulação (f)	anulación (f)	[anulʲa'θjon]
anular, cancelar (vt)	anular (vt)	[anu'lʲar]
relatório (m)	informe (m)	[iɱ'forme]
patente (f)	patente (m)	[pa'tente]
patentear (vt)	patentar (vt)	[paten'tar]
planejar (vt)	planear (vt)	[plʲane'ar]
bônus (m)	premio (m)	['premio]
profissional (adj)	profesional (adj)	[profesjo'nalʲ]
procedimento (m)	procedimiento (m)	[proθeði'mjento]
examinar (~ a questão)	examinar (vt)	[eksami'nar]
cálculo (m)	cálculo (m)	['kalʲkulʲo]
reputação (f)	reputación (f)	[reputa'θjon]
risco (m)	riesgo (m)	['rjesgo]
dirigir (~ uma empresa)	dirigir (vt)	[diri'χir]

informação (f)	información (f)	[imforma'θjon]
propriedade (f)	propiedad (f)	[propje'ðað]
união (f)	unión (f)	[u'njon]

seguro (m) de vida	seguro (m) de vida	[se'guro de 'biða]
fazer um seguro	asegurar (vt)	[asegu'rar]
seguro (m)	seguro (m)	[se'guro]

leilão (m)	subasta (f)	[su'βasta]
notificar (vt)	notificar (vt)	[notifi'kar]
gestão (f)	gestión (f)	[χes'tjon]
serviço (indústria de ~s)	servicio (m)	[ser'βiθio]

fórum (m)	foro (m)	['foro]
funcionar (vi)	funcionar (vi)	[funθjo'nar]
estágio (m)	etapa (f)	[e'tapa]
jurídico, legal (adj)	jurídico (adj)	[χu'riðiko]
advogado (m)	jurista (m)	[χu'rista]

72. Produção. Trabalhos

usina (f)	planta (f)	['plʲanta]
fábrica (f)	fábrica (f)	['faβrika]
oficina (f)	taller (m)	[ta'jer]
local (m) de produção	planta (f) de producción	['plʲanta de proðuk'θjon]

indústria (f)	industria (f)	[in'dustria]
industrial (adj)	industrial (adj)	[indus'trjalʲ]
indústria (f) pesada	industria (f) pesada	[in'dustrja pe'saða]
indústria (f) ligeira	industria (f) ligera	[in'dustrja li'χera]

produção (f)	producción (f)	[proðuk'θjon]
produzir (vt)	producir (vt)	[proðu'θir]
matérias-primas (f pl)	materias (f pl) primas	[ma'terjas 'primas]

chefe (m) de obras	jefe (m) de brigada	['χefe de bri'gaða]
equipe (f)	brigada (f)	[bri'gaða]
operário (m)	obrero (m)	[o'βrero]

dia (m) de trabalho	día (m) de trabajo	['dia de tra'βaχo]
intervalo (m)	descanso (m)	[des'kanso]
reunião (f)	reunión (f)	[reu'njon]
discutir (vt)	discutir (vt)	[disku'tir]

plano (m)	plan (m)	[plʲan]
cumprir o plano	cumplir el plan	[kum'plir elʲ 'plʲan]
taxa (f) de produção	tasa (f) de producción	['tasa de proðuk'θjon]
qualidade (f)	calidad (f)	[kali'ðað]
controle (m)	control (m)	[kon'trolʲ]
controle (m) da qualidade	control (m) de calidad	[kon'trolʲ de kali'ðað]

segurança (f) no trabalho	seguridad (f) de trabajo	[seguri'ðað de tra'βaχo]
disciplina (f)	disciplina (f)	[diθi'plina]
infração (f)	infracción (f)	[imfrak'θjon]

violar (as regras)	**violar, infringir** (vt)	[bio'lʲar], [imɟrin'xir]
greve (f)	**huelga** (f)	[u'elʲga]
grevista (m)	**huelguista** (m)	[uelʲ'gista]
estar em greve	**estar en huelga**	[es'tar en u'elʲga]
sindicato (m)	**sindicato** (m)	[sindi'kato]

inventar (vt)	**inventar** (vt)	[imben'tar]
invenção (f)	**invención** (f)	[imben'θjon]
pesquisa (f)	**investigación** (f)	[imbestiga'θjon]
melhorar (vt)	**mejorar** (vt)	[mexo'rar]
tecnologia (f)	**tecnología** (f)	[teknolʲo'xia]
desenho (m) técnico	**dibujo** (m) **técnico**	[di'βuxo 'tekniko]

carga (f)	**cargamento** (m)	[karga'mento]
carregador (m)	**cargador** (m)	[karga'ðor]
carregar (o caminhão, etc.)	**cargar** (vt)	[kar'gar]
carregamento (m)	**carga** (f)	['karga]
descarregar (vt)	**descargar** (vt)	[deskar'gar]
descarga (f)	**descarga** (f)	[des'karga]

transporte (m)	**transporte** (m)	[trans'porte]
companhia (f) de transporte	**compañía** (f) **de transporte**	[kompa'njia de trans'porte]
transportar (vt)	**transportar** (vt)	[transpor'tar]

vagão (m) de carga	**vagón** (m)	[ba'ɣon]
tanque (m)	**cisterna** (f)	[θis'terna]
caminhão (m)	**camión** (m)	[ka'mjon]

máquina (f) operatriz	**máquina** (f) **herramienta**	['makina era'mjenta]
mecanismo (m)	**mecanismo** (m)	[meka'nismo]

resíduos (m pl) industriais	**desperdicios** (m pl)	[desper'ðiθjos]
embalagem (f)	**empaquetado** (m)	[empake'taðo]
embalar (vt)	**empaquetar** (vt)	[empake'tar]

73. Contrato. Acordo

contrato (m)	**contrato** (m)	[kon'trato]
acordo (m)	**acuerdo** (m)	[aku'erðo]
adendo, anexo (m)	**anexo** (m)	[a'nekso]

assinar o contrato	**firmar un contrato**	[fir'mar un kon'trato]
assinatura (f)	**firma** (f)	['firma]
assinar (vt)	**firmar** (vt)	[fir'mar]
carimbo (m)	**sello** (m)	['sejo]

objeto (m) do contrato	**objeto** (m) **del acuerdo**	[oβ'xeto delʲ aku'erðo]
cláusula (f)	**cláusula** (f)	['klʲausulʲa]
partes (f pl)	**partes** (f pl)	['partes]
domicílio (m) legal	**domicilio** (m) **legal**	[domi'θilio le'galʲ]

violar o contrato	**violar el contrato**	[bio'lʲar elʲ kon'trato]
obrigação (f)	**obligación** (f)	[oβliga'θjon]
responsabilidade (f)	**responsabilidad** (f)	[responsaβili'ðað]

força (f) maior	fuerza (f) mayor	[fu'erθa ma'jor]
litígio (m), disputa (f)	disputa (f)	[dis'puta]
multas (f pl)	penalidades (f pl)	[penali'ðaðes]

74. Importação & Exportação

importação (f)	importación (f)	[importa'θjon]
importador (m)	importador (m)	[importa'ðor]
importar (vt)	importar (vt)	[impor'tar]
de importação	de importación (adj)	[de importa'θjon]
exportação (f)	exportación (f)	[eksporta'θjon]
exportador (m)	exportador (m)	[eksporta'ðor]
exportar (vt)	exportar (vt)	[ekspor'tar]
de exportação	de exportación (adj)	[de eksporta'θjon]
mercadoria (f)	mercancía (f)	[merkan'θia]
lote (de mercadorias)	lote (m) de mercancías	['lʲote de merkan'θias]
peso (m)	peso (m)	['peso]
volume (m)	volumen (m)	[bo'lʲumen]
metro (m) cúbico	metro (m) cúbico	['metro 'kuβiko]
produtor (m)	productor (m)	[proðuk'tor]
companhia (f) de transporte	compañía (f) de transporte	[kompa'njia de trans'porte]
contêiner (m)	contenedor (m)	[kontene'ðor]
fronteira (f)	frontera (f)	[fron'tera]
alfândega (f)	aduana (f)	[aðu'ana]
taxa (f) alfandegária	derechos (m pl) arancelarios	[de'retʃos aranθe'lʲarios]
funcionário (m) da alfândega	aduanero (m)	[aðua'nero]
contrabando (atividade)	contrabandismo (m)	[kontraβan'dismo]
contrabando (produtos)	contrabando (m)	[kontra'βando]

75. Finanças

ação (f)	acción (f)	[ak'θjon]
obrigação (f)	bono (m), obligación (f)	['bono], [oβliga'θjon]
nota (f) promissória	letra (f) de cambio	['letra de 'kambio]
bolsa (f) de valores	bolsa (f)	['bolʲsa]
cotação (m) das ações	cotización (f) de valores	[kotiθa'θjon de ba'lʲores]
tornar-se mais barato	abaratarse (vr)	[aβar'tarse]
tornar-se mais caro	encarecerse (vr)	[eŋkare'θerse]
parte (f)	parte (f)	['parte]
participação (f) majoritária	interés (m) mayoritario	[inte'res majori'tario]
investimento (m)	inversiones (f pl)	[imber'sjones]
investir (vt)	invertir (vi, vt)	[imber'tir]
porcentagem (f)	porcentaje (m)	[porθen'taxe]

juros (m pl)	interés (m)	[inte'res]
lucro (m)	beneficio (m)	[bene'fiθio]
lucrativo (adj)	beneficioso (adj)	[benefi'θjoso]
imposto (m)	impuesto (m)	[impu'esto]
divisa (f)	divisa (f)	[di'βisa]
nacional (adj)	nacional (adj)	[naθjo'nalʲ]
câmbio (m)	cambio (m)	['kambio]
contador (m)	contable (m)	[kon'taβle]
contabilidade (f)	contaduría (f)	[kontaðu'ria]
falência (f)	bancarrota (f)	[baŋka'rota]
falência, quebra (f)	quiebra (f)	['kjeβra]
ruína (f)	ruina (f)	[ru'ina]
estar quebrado	arruinarse (vr)	[arui'narse]
inflação (f)	inflación (f)	[iɱflʲa'θjon]
desvalorização (f)	devaluación (f)	[deβalʲua'θjon]
capital (m)	capital (m)	[kapi'talʲ]
rendimento (m)	ingresos (m pl)	[in'gresos]
volume (m) de negócios	volumen (m) de negocio	[bo'lʲumen de ne'goθio]
recursos (m pl)	recursos (m pl)	[re'kursos]
recursos (m pl) financeiros	recursos (m pl) monetarios	[re'kursos mone'tarjos]
despesas (f pl) gerais	gastos (m pl) accesorios	['gastos akθe'sorjos]
reduzir (vt)	reducir (vt)	[reðu'θir]

76. Marketing

marketing (m)	mercadotecnia (f)	[merkaðo'teknia]
mercado (m)	mercado (m)	[mer'kaðo]
segmento (m) do mercado	segmento (m) del mercado	[seɣ'mento delʲ mer'kaðo]
produto (m)	producto (m)	[pro'ðukto]
mercadoria (f)	mercancía (f)	[merkan'θia]
marca (f)	marca (f)	['marka]
marca (f) registrada	marca (f) comercial	['marka komer'θjalʲ]
logotipo (m)	logotipo (m)	[lʲogo'tipo]
logo (m)	logo (m)	['lʲogo]
demanda (f)	demanda (f)	[de'manda]
oferta (f)	oferta (f)	[o'ferta]
necessidade (f)	necesidad (f)	[neθesi'ðað]
consumidor (m)	consumidor (m)	[konsumi'ðor]
análise (f)	análisis (m)	[a'nalisis]
analisar (vt)	analizar (vt)	[anali'θar]
posicionamento (m)	posicionamiento (m)	[posiθjona'mjento]
posicionar (vt)	posicionar (vt)	[posiθjo'nar]
preço (m)	precio (m)	['preθio]
política (f) de preços	política (f) de precios	[po'litika de 'preθjos]
formação (f) de preços	formación (f) de precios	[forma'θjon de 'preθjos]

77. Publicidade

publicidade (f)	publicidad (f)	[puβliθi'ðað]
fazer publicidade	publicitar (vt)	[puβliθi'tar]
orçamento (m)	presupuesto (m)	[presupu'esto]
anúncio (m)	anuncio (m)	[a'nunθio]
publicidade (f) na TV	publicidad (f) televisiva	[puβliθi'ðað teleβi'siβa]
publicidade (f) na rádio	publicidad (f) radiofónica	[puβliθi'ðað raðjo'fonika]
publicidade (f) exterior	publicidad (f) exterior	[puβliθi'ðað ekste'rjor]
comunicação (f) de massa	medios (m pl) de comunicación de masas	['meðjos de komunika'θjon de 'masas]
periódico (m)	periódico (m)	[pe'rjoðiko]
imagem (f)	imagen (f)	[i'maχen]
slogan (m)	consigna (f)	[kon'signa]
mote (m), lema (f)	divisa (f)	[di'βisa]
campanha (f)	campaña (f)	[kam'panja]
campanha (f) publicitária	campaña (f) publicitaria	[kam'panja puβliθi'taria]
grupo (m) alvo	auditorio (m) objetivo	[auði'torio oβχe'tiβo]
cartão (m) de visita	tarjeta (f) de visita	[tar'χeta de bi'sita]
panfleto (m)	prospecto (m)	[pros'pekto]
brochura (f)	folleto (m)	[fo'jeto]
folheto (m)	panfleto (m)	[paɲ'fleto]
boletim (~ informativo)	boletín (m)	[bole'tin]
letreiro (m)	letrero (m)	[le'trero]
cartaz, pôster (m)	pancarta (f)	[paɲ'karta]
painel (m) publicitário	valla (f) publicitaria	['baja puβliθi'taria]

78. Banca

banco (m)	banco (m)	['baŋko]
balcão (f)	sucursal (f)	[sukur'salʲ]
consultor (m) bancário	consultor (m)	[konsulʲ'tor]
gerente (m)	gerente (m)	[χe'rente]
conta (f)	cuenta (f)	[ku'enta]
número (m) da conta	numero (m) de la cuenta	['numero de lʲa ku'enta]
conta (f) corrente	cuenta (f) corriente	[ku'enta ko'rjente]
conta (f) poupança	cuenta (f) de ahorros	[ku'enta de a'oros]
abrir uma conta	abrir una cuenta	[a'βrir una ku'enta]
fechar uma conta	cerrar la cuenta	[θe'rar lʲa ku'enta]
depositar na conta	ingresar en la cuenta	[ingre'sar en lʲa ku'enta]
sacar (vt)	sacar de la cuenta	[sa'kar de lʲa ku'enta]
depósito (m)	depósito (m)	[de'posito]
fazer um depósito	hacer un depósito	[a'θer un de'posito]

transferência (f) bancária	giro (m)	['χiro]
transferir (vt)	hacer un giro	[a'θer un 'χiro]
soma (f)	suma (f)	['suma]
Quanto?	¿Cuánto?	[ku'anto]
assinatura (f)	firma (f)	['firma]
assinar (vt)	firmar (vt)	[fir'mar]
cartão (m) de crédito	tarjeta (f) de crédito	[tar'χeta de 'kreðito]
senha (f)	código (m)	['koðigo]
número (m) do cartão	número (m)	['numero
de crédito	de tarjeta de crédito	de tar'χeta de 'kreðito]
caixa (m) eletrônico	cajero (m) automático	[ka'χero auto'matiko]
cheque (m)	cheque (m)	['tʃeke]
passar um cheque	sacar un cheque	[sa'kar un 'tʃeke]
talão (m) de cheques	talonario (m)	[talʲo'nario]
empréstimo (m)	crédito (m)	['kreðito]
pedir um empréstimo	pedir el crédito	[pe'ðir elʲ 'kreðito]
obter empréstimo	obtener un crédito	[oβte'ner un 'kreðito]
dar um empréstimo	conceder un crédito	[konθe'ðer un 'kreðito]
garantia (f)	garantía (f)	[garan'tia]

79. Telefone. Conversação telefônica

telefone (m)	teléfono (m)	[te'lefono]
celular (m)	teléfono (m) móvil	[te'lefono 'moβilʲ]
secretária (f) eletrônica	contestador (m)	[kontesta'ðor]
fazer uma chamada	llamar, telefonear	[ja'mar], [telefone'ar]
chamada (f)	llamada (f)	[ja'maða]
discar um número	marcar un número	[mar'kar un 'numero]
Alô!	¿Sí?, ¿Dígame?	[si], ['digame]
perguntar (vt)	preguntar (vt)	[pregun'tar]
responder (vt)	responder (vi, vt)	[respon'der]
ouvir (vt)	oír (vt)	[o'ir]
bem	bien (adv)	[bjen]
mal	mal (adv)	[malʲ]
ruído (m)	ruidos (m pl)	[ru'iðos]
fone (m)	auricular (m)	[auriku'lʲar]
pegar o telefone	descolgar (vt)	[deskolʲ'gar]
desligar (vi)	colgar el auricular	[kolʲ'gar elʲ auriku'lʲar]
ocupado (adj)	ocupado (adj)	[oku'paðo]
tocar (vi)	sonar (vi)	[so'nar]
lista (f) telefônica	guía (f) de teléfonos	['gia de te'lefonos]
local (adj)	local (adj)	[lʲo'kalʲ]
chamada (f) local	llamada (f) local	[ja'maða lʲo'kalʲ]
de longa distância	de larga distancia	[de 'lʲarga dis'tanθia]

chamada (f) de longa distância	llamada (f) de larga distancia	[ja'maða de 'ʎarga dis'tanθia]
internacional (adj)	internacional (adj)	[internaθjo'nalʲ]
chamada (f) internacional	llamada (f) internacional	[ja'maða internaθjo'nalʲ]

80. Telefone móvel

celular (m)	teléfono (m) móvil	[te'lefono 'moβilʲ]
tela (f)	pantalla (f)	[pan'taja]
botão (m)	botón (m)	[bo'ton]
cartão SIM (m)	tarjeta SIM (f)	[tar'χeta sim]

bateria (f)	pila (f)	['pilʲa]
descarregar-se (vr)	descargarse (vr)	[deskar'garse]
carregador (m)	cargador (m)	[karga'ðor]

menu (m)	menú (m)	[me'nu]
configurações (f pl)	preferencias (f pl)	[prefe'renθias]
melodia (f)	melodía (f)	[melʲo'ðia]
escolher (vt)	seleccionar (vt)	[selekθjo'nar]

calculadora (f)	calculadora (f)	[kalʲkulʲa'ðora]
correio (m) de voz	contestador (m)	[kontesta'ðor]
despertador (m)	despertador (m)	[desperta'ðor]
contatos (m pl)	contactos (m pl)	[kon'taktos]

| mensagem (f) de texto | mensaje (m) de texto | [men'saχe de 'teksto] |
| assinante (m) | abonado (m) | [aβo'naðo] |

81. Estacionário

| caneta (f) | bolígrafo (m) | [bo'liɣrafo] |
| caneta (f) tinteiro | pluma (f) estilográfica | ['plʲuma estilʲo'ɣrafika] |

lápis (m)	lápiz (m)	['ʎapiθ]
marcador (m) de texto	marcador (m)	[marka'ðor]
caneta (f) hidrográfica	rotulador (m)	[rotulʲa'ðor]

| bloco (m) de notas | bloc (m) de notas | ['blʲok de 'notas] |
| agenda (f) | agenda (f) | [a'χenda] |

régua (f)	regla (f)	['reɣlʲa]
calculadora (f)	calculadora (f)	[kalʲkulʲa'ðora]
borracha (f)	goma (f) de borrar	['goma de bo'rar]

| alfinete (m) | chincheta (f) | [tʃin'tʃeta] |
| clipe (m) | clip (m) | [klip] |

cola (f)	cola (f), pegamento (m)	['kolʲa], [pega'mento]
grampeador (m)	grapadora (f)	[grapa'ðora]
furador (m) de papel	perforador (m)	[perfora'ðor]
apontador (m)	sacapuntas (m)	[saka'puntas]

82. Tipos de negócios

serviços (m pl) de contabilidade	contabilidad (f)	[kontaβili'ðað]
publicidade (f)	publicidad (f)	[puβliθi'ðað]
agência (f) de publicidade	agencia (f) de publicidad	[a'χenθja de puβliθi'ðað]
ar (m) condicionado	climatizadores (m pl)	[klimatiθa'ðores]
companhia (f) aérea	compañía (f) aérea	[kompa'njia a'erea]

bebidas (f pl) alcoólicas	bebidas (f pl) alcohólicas	[be'βiðas alʲko'olikas]
comércio (m) de antiguidades	antigüedad (f)	[antiɣue'ðað]
galeria (f) de arte	galería (f) de arte	[gale'ria de 'arte]
serviços (m pl) de auditoria	servicios (m pl) de auditoría	[ser'βiθjos de auðito'ria]

negócios (m pl) bancários	negocio (m) bancario	[ne'goθjo baŋ'kario]
bar (m)	bar (m)	[bar]
salão (m) de beleza	salón (m) de belleza	[sa'lʲon de be'jeθa]
livraria (f)	librería (f)	[liβre'ria]
cervejaria (f)	fábrica (f) de cerveza	['faβrika de θer'βeθa]
centro (m) de escritórios	centro (m) de negocios	['θentro de ne'goθjos]
escola (f) de negócios	escuela (f) de negocios	[esku'elʲa de ne'goθjos]

cassino (m)	casino (m)	[ka'sino]
construção (f)	construcción (f)	[konstruk'θjon]
consultoria (f)	consultoría (f)	[konsulʲto'ria]

clínica (f) dentária	estomatología (f)	[estomatolʲo'χia]
design (m)	diseño (m)	[di'senjo]
drogaria (f)	farmacia (f)	[far'maθia]
lavanderia (f)	tintorería (f)	[tintore'ria]
agência (f) de emprego	agencia (f) de empleo	[a'χenθja de em'pleo]

serviços (m pl) financeiros	servicios (m pl) financieros	[ser'βiθjos finan'θjeros]
alimentos (m pl)	productos alimenticios	[pro'ðuktos alimen'tiθjos]
funerária (f)	funeraria (f)	[fune'raria]
mobiliário (m)	muebles (m pl)	[mu'eβles]
roupa (f)	ropa (f)	['ropa]
hotel (m)	hotel (m)	[o'telʲ]

sorvete (m)	helado (m)	[e'lʲaðo]
indústria (f)	industria (f)	[in'dustria]
seguro (~ de vida, etc.)	seguro (m)	[se'guro]
internet (f)	internet (m), red (f)	[inter'net], [reð]
investimento (m)	inversiones (f pl)	[imber'sjones]

joalheiro (m)	joyero (m)	[χo'jero]
joias (f pl)	joyería (f)	[χoje'ria]
lavanderia (f)	lavandería (f)	[lʲaβande'ria]
assessorias (f pl) jurídicas	asesoría (f) jurídica	[aseso'ria χu'riðika]
indústria (f) ligeira	industria (f) ligera	[in'dustrja li'χera]

revista (f)	revista (f)	[re'βista]
vendas (f pl) por catálogo	venta (f) por catálogo	['benta por ka'talʲogo]
medicina (f)	medicina (f)	[meði'θina]
cinema (m)	cine (m)	['θine]

museu (m)	museo (m)	[mu'seo]
agência (f) de notícias	agencia (f) de información	[a'χenθja de iɱforma'θjon]
jornal (m)	periódico (m)	[pe'rjoðiko]
boate (casa noturna)	club (m) nocturno	[klʲuβ nok'turno]

petróleo (m)	petróleo (m)	[pe'troleo]
serviços (m pl) de remessa	servicio (m) de entrega	[ser'βiθjo de en'trega]
indústria (f) farmacêutica	industria (f) farmacéutica	[in'dustrja farma'θeutika]
tipografia (f)	poligrafía (f)	[poliɣra'fia]
editora (f)	editorial (f)	[eðito'rjalʲ]

rádio (m)	radio (f)	['raðio]
imobiliário (m)	inmueble (m)	[inmu'eβle]
restaurante (m)	restaurante (m)	[restau'rante]

empresa (f) de segurança	agencia (f) de seguridad	[a'χenθja de seguri'ðað]
esporte (m)	deporte (m)	[de'porte]
bolsa (f) de valores	bolsa (f) de comercio	['bolʲsa de ko'merθio]
loja (f)	tienda (f)	['tjenda]
supermercado (m)	supermercado (m)	[supermer'kaðo]
piscina (f)	piscina (f)	[pi'θina]

alfaiataria (f)	taller (m)	[ta'jer]
televisão (f)	televisión (f)	[teleβi'θjon]
teatro (m)	teatro (m)	[te'atro]
comércio (m)	comercio (m)	[ko'merθio]
serviços (m pl) de transporte	servicios de transporte	[ser'βiθjos de trans'porte]
viagens (f pl)	turismo (m)	[tu'rismo]

veterinário (m)	veterinario (m)	[beteri'nario]
armazém (m)	almacén (m)	[alʲma'θen]
recolha (f) do lixo	recojo (m) de basura	[re'koχo de ba'sura]

Emprego. Negócios. Parte 2

83. Espetáculo. Feira

| feira, exposição (f) | exposición (f) | [eksposi'θjon] |
| feira (f) comercial | feria (f) comercial | ['ferja komer'θjalʲ] |

participação (f)	participación (f)	[partiθipa'θjon]
participar (vi)	participar (vi)	[partiθi'par]
participante (m)	participante (m)	[partiθi'pante]

diretor (m)	director (m)	[direk'tor]
direção (f)	dirección (f)	[direk'θjon]
organizador (m)	organizador (m)	[organiθa'ðor]
organizar (vt)	organizar (vt)	[organi'θar]

| ficha (f) de inscrição | solicitud (f) de participación | [soliθi'tuð de partiθipa'θjon] |

preencher (vt)	rellenar (vt)	[reje'nar]
detalhes (m pl)	detalles (m pl)	[de'tajes]
informação (f)	información (f)	[imforma'θjon]

preço (m)	precio (m)	['preθio]
incluindo	incluso (adj)	[iŋk'lʲuso]
incluir (vt)	incluir (vt)	[iŋklʲu'ir]
pagar (vt)	pagar (vi, vt)	[pa'gar]
taxa (f) de inscrição	cuota (f) de registro	[ku'ota de re'χistro]

entrada (f)	entrada (f)	[en'traða]
pavilhão (m), salão (f)	pabellón (m)	[paβe'jon]
inscrever (vt)	registrar (vt)	[reχis'trar]
crachá (m)	tarjeta (f)	[tar'χeta]

| stand (m) | stand (m) de feria | [stand de 'feria] |
| reservar (vt) | reservar (vt) | [reser'βar] |

vitrine (f)	vitrina (f)	[bi'trina]
lâmpada (f)	lámpara (f)	['lʲampara]
design (m)	diseño (m)	[di'senjo]
pôr (posicionar)	poner (vt)	[po'ner]
ser colocado, -a	situarse (vr)	[situ'arse]

distribuidor (m)	distribuidor (m)	[distriβui'ðor]
fornecedor (m)	proveedor (m)	[proβee'ðor]
fornecer (vt)	suministrar (vt)	[suminis'trar]

país (m)	país (m)	[pa'is]
estrangeiro (adj)	extranjero (adj)	[ekstran'χero]
produto (m)	producto (m)	[pro'ðukto]
associação (f)	asociación (f)	[asoθja'θjon]

sala (f) de conferência	sala (f) de conferencias	['salʲa de koɲfe'renθias]
congresso (m)	congreso (m)	[kon'greso]
concurso (m)	concurso (m)	[ko'ŋkurso]
visitante (m)	visitante (m)	[bisi'tante]
visitar (vt)	visitar (vt)	[bisi'tar]
cliente (m)	cliente (m)	[kli'ente]

84. Ciência. Investigação. Cientistas

ciência (f)	ciencia (f)	['θjenθia]
científico (adj)	científico (adj)	[θjen'tifiko]
cientista (m)	científico (m)	[θjen'tifiko]
teoria (f)	teoría (f)	[teo'ria]
axioma (m)	axioma (m)	[aksi'oma]
análise (f)	análisis (m)	[a'nalisis]
analisar (vt)	analizar (vt)	[anali'θar]
argumento (m)	argumento (m)	[argu'mento]
substância (f)	sustancia (f)	[sus'tanθia]
hipótese (f)	hipótesis (f)	[i'potesis]
dilema (m)	dilema (m)	[di'lema]
tese (f)	tesis (f) de grado	['tesis de 'graðo]
dogma (m)	dogma (m)	['doɣma]
doutrina (f)	doctrina (f)	[dok'trina]
pesquisa (f)	investigación (f)	[imbestiga'θjon]
pesquisar (vt)	investigar (vt)	[imbesti'gar]
testes (m pl)	prueba (f)	[pru'eβa]
laboratório (m)	laboratorio (m)	[lʲaβora'torio]
método (m)	método (m)	['metoðo]
molécula (f)	molécula (f)	[mo'lekulʲa]
monitoramento (m)	seguimiento (m)	[segi'mjento]
descoberta (f)	descubrimiento (m)	[deskuβri'mjento]
postulado (m)	postulado (m)	[postu'lʲaðo]
princípio (m)	principio (m)	[prin'θipio]
prognóstico (previsão)	pronóstico (m)	[pro'nostiko]
prognosticar (vt)	pronosticar (vt)	[pronosti'kar]
síntese (f)	síntesis (f)	['sintesis]
tendência (f)	tendencia (f)	[ten'denθia]
teorema (m)	teorema (m)	[teo'rema]
ensinamentos (m pl)	enseñanzas (f pl)	[ense'njanθas]
fato (m)	hecho (m)	['etʃo]
expedição (f)	expedición (f)	[ekspeði'θjon]
experiência (f)	experimento (m)	[eksperi'mento]
acadêmico (m)	académico (m)	[aka'ðemiko]
bacharel (m)	bachiller (m)	[batʃi'jer]
doutor (m)	doctorado (m)	[dokto'raðo]

professor (m) associado   **docente** (m)   [do'θente]
mestrado (m)   **Master** (m)   ['master]
professor (m)   **profesor** (m)   [profe'sor]

Profissões e ocupações

trabalho (m)	**trabajo** (m)	[tra'βaxo]
equipe (f)	**empleados** (pl)	[emple'aðos]
pessoal (m)	**personal** (m)	[perso'nalʲ]
carreira (f)	**carrera** (f)	[ka'rera]
perspectivas (f pl)	**perspectiva** (f)	[perspek'tiβa]
habilidades (f pl)	**maestría** (f)	[maes'tria]
seleção (f)	**selección** (f)	[selek'θjon]
agência (f) de emprego	**agencia** (f) **de empleo**	[a'xenθja de em'pleo]
currículo (m)	**curriculum vitae** (m)	[ku'rikulʲum bi'tae]
entrevista (f) de emprego	**entrevista** (f)	[entre'βista]
vaga (f)	**vacancia** (f)	[ba'kanθia]
salário (m)	**salario** (m)	[sa'lʲario]
salário (m) fixo	**salario** (m) **fijo**	[sa'lʲario 'fixo]
pagamento (m)	**remuneración** (f)	[remunera'θjon]
cargo (m)	**puesto** (m)	[pu'esto]
dever (do empregado)	**deber** (m)	[de'βer]
gama (f) de deveres	**gama** (f) **de deberes**	['gama de de'βeres]
ocupado (adj)	**ocupado** (adj)	[oku'paðo]
despedir, demitir (vt)	**despedir** (vt)	[despe'ðir]
demissão (f)	**despido** (m)	[des'piðo]
desemprego (m)	**desempleo** (m)	[desem'pleo]
desempregado (m)	**desempleado** (m)	[desemple'aðo]
aposentadoria (f)	**jubilación** (f)	[xuβilʲa'θjon]
aposentar-se (vr)	**jubilarse** (vr)	[xuβi'lʲarse]

diretor (m)	**director** (m)	[direk'tor]
gerente (m)	**gerente** (m)	[xe'rente]
patrão, chefe (m)	**jefe** (m)	['xefe]
superior (m)	**superior** (m)	[supe'rjor]
superiores (m pl)	**superiores** (m pl)	[supe'rjores]
presidente (m)	**presidente** (m)	[presi'ðente]
chairman (m)	**presidente** (m)	[presi'ðente]
substituto (m)	**adjunto** (m)	[að'xunto]
assistente (m)	**asistente** (m)	[asis'tente]

secretário (m)	secretario (m), secretaria (f)	[sekre'tario], [sekre'taria]
secretário (m) pessoal	secretario (m) particular	[sekre'tarjo partiku'lʲar]

homem (m) de negócios	hombre (m) de negocios	['ombre de ne'goθjos]
empreendedor (m)	emprendedor (m)	[emprende'ðor]
fundador (m)	fundador (m)	[funda'ðor]
fundar (vt)	fundar (vt)	[fun'dar]

principiador (m)	institutor (m)	[institu'tor]
parceiro, sócio (m)	socio (m)	['soθio]
acionista (m)	accionista (m)	[akθjo'nista]

milionário (m)	millonario (m)	[mijo'nario]
bilionário (m)	multimillonario (m)	[mulʲti·mijo'nario]
proprietário (m)	propietario (m)	[propje'tario]
proprietário (m) de terras	terrateniente (m)	[tera·te'njente]

cliente (m)	cliente (m)	[kli'ente]
cliente (m) habitual	cliente (m) habitual	[kli'ente aβitu'alʲ]
comprador (m)	comprador (m)	[kompra'ðor]
visitante (m)	visitante (m)	[bisi'tante]

profissional (m)	profesional (m)	[profesjo'nalʲ]
perito (m)	experto (m)	[eks'perto]
especialista (m)	especialista (m)	[espeθja'lista]

banqueiro (m)	banquero (m)	[baɲ'kero]
corretor (m)	broker (m)	['broker]

caixa (m, f)	cajero (m)	[ka'χero]
contador (m)	contable (m)	[kon'taβle]
guarda (m)	guardia (m) de seguridad	[gu'arðja de seguri'ðað]

investidor (m)	inversionista (m)	[imbersjo'nista]
devedor (m)	deudor (m)	[deu'ðor]
credor (m)	acreedor (m)	[akree'ðor]
mutuário (m)	prestatario (m)	[presta'tario]

importador (m)	importador (m)	[importa'ðor]
exportador (m)	exportador (m)	[eksporta'ðor]

produtor (m)	productor (m)	[proðuk'tor]
distribuidor (m)	distribuidor (m)	[distriβui'ðor]
intermediário (m)	intermediario (m)	[interme'ðjario]

consultor (m)	asesor (m)	[ase'sor]
representante comercial	representante (m)	[represen'tante]
agente (m)	agente (m)	[a'χente]
agente (m) de seguros	agente (m) de seguros	[a'χente de se'guros]

87. Profissões de serviços

cozinheiro (m)	cocinero (m)	[koθi'nero]
chefe (m) de cozinha	jefe (m) de cocina	['χefe de ko'θina]

padeiro (m)	panadero (m)	[pana'ðero]
barman (m)	barman (m)	['barman]
garçom (m)	camarero (m)	[kama'rero]
garçonete (f)	camarera (f)	[kama'rera]

advogado (m)	abogado (m)	[aβo'gaðo]
jurista (m)	jurista (m)	[χu'rista]
notário (m)	notario (m)	[no'tario]

eletricista (m)	electricista (m)	[elektri'θista]
encanador (m)	fontanero (m)	[fonta'nero]
carpinteiro (m)	carpintero (m)	[karpin'tero]

massagista (m)	masajista (m)	[masa'χista]
massagista (f)	masajista (f)	[masa'χista]
médico (m)	médico (m)	['meðiko]

taxista (m)	taxista (m)	[ta'ksista]
condutor (automobilista)	chofer (m)	['tʃofer]
entregador (m)	repartidor (m)	[reparti'ðor]

camareira (f)	camarera (f)	[kama'rera]
guarda (m)	guardia (m) de seguridad	[gu'arðja de seguri'ðað]
aeromoça (f)	azafata (f)	[aθa'fata]

professor (m)	profesor (m)	[profe'sor]
bibliotecário (m)	bibliotecario (m)	[biβliote'kario]
tradutor (m)	traductor (m)	[traðuk'tor]
intérprete (m)	intérprete (m)	[in'terprete]
guia (m)	guía (m)	['gia]

cabeleireiro (m)	peluquero (m)	[pelʲu'kero]
carteiro (m)	cartero (m)	[kar'tero]
vendedor (m)	vendedor (m)	[bende'ðor]

jardineiro (m)	jardinero (m)	[χarði'nero]
criado (m)	servidor (m)	[serβi'ðor]
criada (f)	criada (f)	[kri'aða]
empregada (f) de limpeza	mujer (f) de la limpieza	[mu'χer de lʲa lim'pjeθa]

88. Profissões militares e postos

soldado (m) raso	soldado (m) raso	[solʲ'ðaðo 'raso]
sargento (m)	sargento (m)	[sar'χento]
tenente (m)	teniente (m)	[te'njente]
capitão (m)	capitán (m)	[kapi'tan]

major (m)	mayor (m)	[ma'jor]
coronel (m)	coronel (m)	[koro'nelʲ]
general (m)	general (m)	[χene'ralʲ]
marechal (m)	mariscal (m)	[maris'kalʲ]
almirante (m)	almirante (m)	[alʲmi'rante]
militar (m)	militar (m)	[mili'tar]
soldado (m)	soldado (m)	[solʲ'ðaðo]

oficial (m)	oficial (m)	[ofi'θjalʲ]
comandante (m)	comandante (m)	[koman'dante]

guarda (m) de fronteira	guardafronteras (m)	[guarða·fron'teras]
operador (m) de rádio	radio-operador (m)	['raðjo opera'ðor]
explorador (m)	explorador (m)	[eksplʲora'ðor]
sapador-mineiro (m)	zapador (m)	[θapa'ðor]
atirador (m)	tirador (m)	[tira'ðor]
navegador (m)	navegador (m)	[naβega'ðor]

89. Oficiais. Padres

rei (m)	rey (m)	[rej]
rainha (f)	reina (f)	['rejna]

príncipe (m)	príncipe (m)	['prinθipe]
princesa (f)	princesa (f)	[prin'θesa]

czar (m)	zar (m)	[θar]
czarina (f)	zarina (f)	[θa'rina]

presidente (m)	presidente (m)	[presi'ðente]
ministro (m)	ministro (m)	[mi'nistro]
primeiro-ministro (m)	primer ministro (m)	[pri'mer mi'nistro]
senador (m)	senador (m)	[sena'ðor]

diplomata (m)	diplomático (m)	[diplʲo'matiko]
cônsul (m)	cónsul (m)	['konsulʲ]
embaixador (m)	embajador (m)	[embaχa'ðor]
conselheiro (m)	consejero (m)	[konse'χero]

funcionário (m)	funcionario (m)	[funθjo'nario]
prefeito (m)	prefecto (m)	[pre'fekto]
Presidente (m) da Câmara	alcalde (m)	[alʲ'kalʲde]

juiz (m)	juez (m)	[χu'eθ]
procurador (m)	fiscal (m)	[fis'kalʲ]

missionário (m)	misionero (m)	[misjo'nero]
monge (m)	monje (m)	['monχe]
abade (m)	abad (m)	[a'βað]
rabino (m)	rabino (m)	[ra'βino]

vizir (m)	visir (m)	[bi'sir]
xá (m)	sha, shah (m)	[ʃa]
xeique (m)	jeque (m)	['χeke]

90. Profissões agrícolas

abelheiro (m)	apicultor (m)	[apikulʲ'tor]
pastor (m)	pastor (m)	[pas'tor]
agrônomo (m)	agrónomo (m)	[a'ɣronomo]

criador (m) de gado	**ganadero** (m)	[gana'ðero]
veterinário (m)	**veterinario** (m)	[beteri'nario]
agricultor, fazendeiro (m)	**granjero** (m)	[gran'χero]
vinicultor (m)	**vinicultor** (m)	[binikulʲ'tor]
zoólogo (m)	**zoólogo** (m)	[θo'olʲogo]
vaqueiro (m)	**vaquero** (m)	[ba'kero]

91. Profissões artísticas

ator (m)	**actor** (m)	[ak'tor]
atriz (f)	**actriz** (f)	[ak'triθ]
cantor (m)	**cantante** (m)	[kan'tante]
cantora (f)	**cantante** (f)	[kan'tante]
bailarino (m)	**bailarín** (m)	[bajlʲa'rin]
bailarina (f)	**bailarina** (f)	[bajlʲa'rina]
artista (m)	**artista** (m)	[ar'tista]
artista (f)	**artista** (f)	[ar'tista]
músico (m)	**músico** (m)	['musiko]
pianista (m)	**pianista** (m)	[pja'nista]
guitarrista (m)	**guitarrista** (m)	[gita'rista]
maestro (m)	**director** (m) **de orquesta**	[direk'tor de or'kesta]
compositor (m)	**compositor** (m)	[komposi'tor]
empresário (m)	**empresario** (m)	[empre'sario]
diretor (m) de cinema	**director** (m) **de cine**	[direk'tor de 'θine]
produtor (m)	**productor** (m)	[proðuk'tor]
roteirista (m)	**guionista** (m)	[gijo'nista]
crítico (m)	**crítico** (m)	['kritiko]
escritor (m)	**escritor** (m)	[eskri'tor]
poeta (m)	**poeta** (m)	[po'eta]
escultor (m)	**escultor** (m)	[eskulʲ'tor]
pintor (m)	**pintor** (m)	[pin'tor]
malabarista (m)	**malabarista** (m)	[malʲaβa'rista]
palhaço (m)	**payaso** (m)	[pa'jaso]
acrobata (m)	**acróbata** (m)	[a'kroβata]
ilusionista (m)	**ilusionista** (m)	[ilʲusjo'nista]

92. Várias profissões

médico (m)	**médico** (m)	['meðiko]
enfermeira (f)	**enfermera** (f)	[emɟer'mera]
psiquiatra (m)	**psiquiatra** (m)	[si'kjatra]
dentista (m)	**dentista** (m)	[den'tista]
cirurgião (m)	**cirujano** (m)	[θiru'χano]

astronauta (m)	astronauta (m)	[astro'nauta]
astrônomo (m)	astrónomo (m)	[as'tronomo]
piloto (m)	piloto (m)	[pi'lʲoto]

motorista (m)	conductor (m)	[konduk'tor]
maquinista (m)	maquinista (m)	[maki'nista]
mecânico (m)	mecánico (m)	[me'kaniko]

mineiro (m)	minero (m)	[mi'nero]
operário (m)	obrero (m)	[o'βrero]
serralheiro (m)	cerrajero (m)	[θera'χero]
marceneiro (m)	carpintero (m)	[karpin'tero]
torneiro (m)	tornero (m)	[tor'nero]
construtor (m)	albañil (m)	[alʲβa'njilʲ]
soldador (m)	soldador (m)	[solʲda'ðor]

professor (m)	profesor (m)	[profe'sor]
arquiteto (m)	arquitecto (m)	[arki'tekto]
historiador (m)	historiador (m)	[istorja'ðor]
cientista (m)	científico (m)	[θjen'tifiko]
físico (m)	físico (m)	['fisiko]
químico (m)	químico (m)	['kimiko]

arqueólogo (m)	arqueólogo (m)	[arke'olʲogo]
geólogo (m)	geólogo (m)	[χe'olʲogo]
pesquisador (cientista)	investigador (m)	[imbestiga'ðor]

babysitter, babá (f)	niñera (f)	[ni'njera]
professor (m)	pedagogo (m)	[peða'gogo]

redator (m)	redactor (m)	[reðak'tor]
redator-chefe (m)	redactor jefe (m)	[reðak'tor 'χefe]
correspondente (m)	corresponsal (m)	[korespon'salʲ]
datilógrafa (f)	mecanógrafa (f)	[meka'noɣrafa]

designer (m)	diseñador (m)	[disenja'ðor]
especialista (m) em informática	especialista (m) en ordenadores	[espeθja'lista en orðena'ðores]
programador (m)	programador (m)	[proɣrama'ðor]
engenheiro (m)	ingeniero (m)	[inχe'njero]

marujo (m)	marino (m)	[ma'rino]
marinheiro (m)	marinero (m)	[mari'nero]
socorrista (m)	socorrista (m)	[soko'rista]

bombeiro (m)	bombero (m)	[bom'bero]
polícia (m)	policía (m)	[poli'θia]
guarda-noturno (m)	vigilante (m) nocturno	[biχi'lʲante nok'turno]
detetive (m)	detective (m)	[detek'tiβe]

funcionário (m) da alfândega	aduanero (m)	[aðua'nero]
guarda-costas (m)	guardaespaldas (m)	[guarða·es'palʲdas]
guarda (m) prisional	guardia (m) de prisiones	[gu'arðja de pri'sjones]
inspetor (m)	inspector (m)	[inspek'tor]
esportista (m)	deportista (m)	[depor'tista]
treinador (m)	entrenador (m)	[entrena'ðor]

açougueiro (m)	carnicero (m)	[karni'θero]
sapateiro (m)	zapatero (m)	[θapa'tero]
comerciante (m)	comerciante (m)	[komer'θjante]
carregador (m)	cargador (m)	[karga'ðor]

estilista (m)	diseñador (m) de moda	[disenja'ðor de 'moða]
modelo (f)	modelo (f)	[mo'ðeljo]

93. Ocupações. Estatuto social

estudante (~ de escola)	escolar (m)	[esko'ljar]
estudante (~ universitária)	estudiante (m)	[estu'ðjante]

filósofo (m)	filósofo (m)	[fi'ljosofo]
economista (m)	economista (m)	[ekono'mista]
inventor (m)	inventor (m)	[imben'tor]

desempregado (m)	desempleado (m)	[desemple'aðo]
aposentado (m)	jubilado (m)	[χuβi'ljaðo]
espião (m)	espía (m)	[es'pia]

preso, prisioneiro (m)	prisionero (m)	[prisjo'nero]
grevista (m)	huelguista (m)	[uelj'gista]
burocrata (m)	burócrata (m)	[bu'rokrata]
viajante (m)	viajero (m)	[bja'χero]

homossexual (m)	homosexual (m)	[omoseksu'alj]
hacker (m)	hacker (m)	['aker]
hippie (m, f)	hippie (m)	['χipi]

bandido (m)	bandido (m)	[ban'diðo]
assassino (m)	sicario (m)	[si'kario]
drogado (m)	drogadicto (m)	[droɣ·a'ðikto]
traficante (m)	narcotraficante (m)	[narko·trafi'kante]
prostituta (f)	prostituta (f)	[prosti'tuta]
cafetão (m)	chulo (m), proxeneta (m)	['ʧuljo], [prokse'neta]

bruxo (m)	brujo (m)	['bruχo]
bruxa (f)	bruja (f)	['bruχa]
pirata (m)	pirata (m)	[pi'rata]
escravo (m)	esclavo (m)	[es'kljaβo]
samurai (m)	samurai (m)	[samu'raj]
selvagem (m)	salvaje (m)	[salj'βaχe]

Educação

94. Escola

escola (f)	escuela (f)	[esku'eʎa]
diretor (m) de escola	director (m) de escuela	[direk'tor de esku'eʎa]
aluno (m)	alumno (m)	[a'lʲumno]
aluna (f)	alumna (f)	[a'lʲumna]
estudante (m)	escolar (m)	[esko'lʲar]
estudante (f)	escolar (f)	[esko'lʲar]
ensinar (vt)	enseñar (vt)	[ense'njar]
aprender (vt)	aprender (vt)	[apren'der]
decorar (vt)	aprender de memoria	[apren'der de me'moria]
estudar (vi)	aprender (vt)	[apren'der]
estar na escola	estar en la escuela	[es'tar en lʲa esku'eʎa]
ir à escola	ir a la escuela	[ir a lʲa esku'eʎa]
alfabeto (m)	alfabeto (m)	[alʲfa'βeto]
disciplina (f)	materia (f)	[ma'teria]
sala (f) de aula	aula (f)	[aulʲa]
lição, aula (f)	lección (f)	[lek'θjon]
recreio (m)	recreo (m)	[re'kreo]
toque (m)	campana (f)	[kam'pana]
classe (f)	pupitre (m)	[pu'pitre]
quadro (m) negro	pizarra (f)	[pi'θara]
nota (f)	nota (f)	['nota]
boa nota (f)	buena nota (f)	[bu'ena 'nota]
nota (f) baixa	mala nota (f)	['malʲa 'nota]
dar uma nota	poner una nota	[po'ner 'una 'nota]
erro (m)	falta (f)	['falʲta]
errar (vi)	hacer faltas	[a'θer 'falʲtas]
corrigir (~ um erro)	corregir (vt)	[kore'xir]
cola (f)	chuleta (f)	[ʧu'leta]
dever (m) de casa	deberes (m pl) de casa	[de'βeres de 'kasa]
exercício (m)	ejercicio (m)	[exer'θiθio]
estar presente	estar presente	[es'tar pre'sente]
estar ausente	estar ausente	[es'tar au'sente]
faltar às aulas	faltar a las clases	[falʲ'tar a lʲas 'klʲases]
punir (vt)	castigar (vt)	[kasti'gar]
punição (f)	castigo (m)	[kas'tigo]
comportamento (m)	conducta (f)	[kon'dukta]

boletim (m) escolar	libreta (f) de notas	[li'βreta de 'notas]
lápis (m)	lápiz (m)	['lʲapiθ]
borracha (f)	goma (f) de borrar	['goma de bo'rar]
giz (m)	tiza (f)	['tiθa]
porta-lápis (m)	cartuchera (f)	[kartu'tʃera]
mala, pasta, mochila (f)	mochila (f)	[mo'tʃilʲa]
caneta (f)	bolígrafo (m)	[bo'liɣrafo]
caderno (m)	cuaderno (m)	[kua'ðerno]
livro (m) didático	manual (m)	[manu'alʲ]
compasso (m)	compás (m)	[kom'pas]
traçar (vt)	trazar (vi, vt)	[tra'θar]
desenho (m) técnico	dibujo (m) técnico	[di'βuχo 'tekniko]
poesia (f)	poema (m), poesía (f)	[po'ema], [poe'sia]
de cor	de memoria (adv)	[de me'moria]
decorar (vt)	aprender de memoria	[apren'der de me'moria]
férias (f pl)	vacaciones (f pl)	[baka'θjones]
estar de férias	estar de vacaciones	[es'tar de baka'θjones]
passar as férias	pasar las vacaciones	[pa'sar lʲas baka'θjones]
teste (m), prova (f)	prueba (f) escrita	[pru'eβa es'krita]
redação (f)	composición (f)	[komposi'θjon]
ditado (m)	dictado (m)	[dik'taðo]
exame (m), prova (f)	examen (m)	[e'ksamen]
fazer prova	hacer un examen	[a'θer un e'ksamen]
experiência (~ química)	experimento (m)	[eksperi'mento]

95. Colégio. Universidade

academia (f)	academia (f)	[aka'ðemia]
universidade (f)	universidad (f)	[uniβersi'ðað]
faculdade (f)	facultad (f)	[fakulʲ'tað]
estudante (m)	estudiante (m)	[estu'ðjante]
estudante (f)	estudiante (f)	[estu'ðjante]
professor (m)	profesor (m)	[profe'sor]
auditório (m)	aula (f)	['aulʲa]
graduado (m)	graduado (m)	[graðu'aðo]
diploma (m)	diploma (m)	[di'plʲoma]
tese (f)	tesis (f) de grado	['tesis de 'graðo]
estudo (obra)	estudio (m)	[es'tuðio]
laboratório (m)	laboratorio (m)	[lʲaβora'torio]
palestra (f)	clase (f)	['klʲase]
colega (m) de curso	compañero (m) de curso	[kompa'njero de 'kurso]
bolsa (f) de estudos	beca (f)	['beka]
grau (m) acadêmico	grado (m) académico	['graðo aka'ðemiko]

96. Ciências. Disciplinas

matemática (f)	matemáticas (f pl)	[mate'matikas]
álgebra (f)	álgebra (f)	['alχeβra]
geometria (f)	geometría (f)	[χeome'tria]
astronomia (f)	astronomía (f)	[astrono'mia]
biologia (f)	biología (f)	[bioⁱo'χia]
geografia (f)	geografía (f)	[χeoɣra'fia]
geologia (f)	geología (f)	[χeoⁱo'χia]
história (f)	historia (f)	[is'toria]
medicina (f)	medicina (f)	[meði'θina]
pedagogia (f)	pedagogía (f)	[peðago'χia]
direito (m)	derecho (m)	[de'retʃo]
física (f)	física (f)	['fisika]
química (f)	química (f)	['kimika]
filosofia (f)	filosofía (f)	[fiⁱoso'fia]
psicologia (f)	psicología (f)	[sikoⁱo'χia]

97. Sistema de escrita. Ortografia

gramática (f)	gramática (f)	[gra'matika]
vocabulário (m)	vocabulario (m)	[bokaβu'lⁱario]
fonética (f)	fonética (f)	[fo'netika]
substantivo (m)	sustantivo (m)	[sustan'tiβo]
adjetivo (m)	adjetivo (m)	[aðχe'tiβo]
verbo (m)	verbo (m)	['berβo]
advérbio (m)	adverbio (m)	[að'βerβio]
pronome (m)	pronombre (m)	[pro'nombre]
interjeição (f)	interjección (f)	[interχek'θjon]
preposição (f)	preposición (f)	[preposi'θjon]
raiz (f)	raíz (f), radical (m)	[ra'iθ], [raði'kalʲ]
terminação (f)	desinencia (f)	[desi'nenθia]
prefixo (m)	prefijo (m)	[pre'fiχo]
sílaba (f)	sílaba (f)	['silⁱaβa]
sufixo (m)	sufijo (m)	[su'fiχo]
acento (m)	acento (m)	[a'θento]
apóstrofo (f)	apóstrofo (m)	[a'postrofo]
ponto (m)	punto (m)	['punto]
vírgula (f)	coma (m)	['koma]
ponto e vírgula (m)	punto y coma	['punto i 'koma]
dois pontos (m pl)	dos puntos (m pl)	[dos 'puntos]
reticências (f pl)	puntos (m pl) suspensivos	['puntos suspen'siβos]
ponto (m) de interrogação	signo (m) de interrogación	['siɣno de interoga'θjon]
ponto (m) de exclamação	signo (m) de admiración	['siɣno de aðmira'θjon]

aspas (f pl)	comillas (f pl)	[ko'mijas]
entre aspas	entre comillas	['entre ko'mijas]
parênteses (m pl)	paréntesis (m)	[pa'rentesis]
entre parênteses	entre paréntesis	['entre pa'rentesis]

hífen (m)	guión (m)	[gi'jon]
travessão (m)	raya (f)	['raja]
espaço (m)	blanco (m)	['blʲaŋko]

letra (f)	letra (f)	['letra]
letra (f) maiúscula	letra (f) mayúscula	['letra ma'juskulʲa]

vogal (f)	vocal (f)	[bo'kalʲ]
consoante (f)	consonante (m)	[konso'nante]

frase (f)	oración (f)	[ora'θjon]
sujeito (m)	sujeto (m)	[su'χeto]
predicado (m)	predicado (m)	[preði'kaðo]

linha (f)	línea (f)	['linea]
em uma nova linha	en una nueva línea	[en 'una nu'eβa 'linea]
parágrafo (m)	párrafo (m)	['parafo]

palavra (f)	palabra (f)	[pa'lʲaβra]
grupo (m) de palavras	combinación (f) de palabras	[kombina'θjon de pa'lʲaβras]
expressão (f)	expresión (f)	[ekspre'θjon]
sinônimo (m)	sinónimo (m)	[si'nonimo]
antônimo (m)	antónimo (m)	[an'tonimo]

regra (f)	regla (f)	['reχlʲa]
exceção (f)	excepción (f)	[ekθep'θjon]
correto (adj)	correcto (adj)	[ko'rekto]

conjugação (f)	conjugación (f)	[konχuga'θjon]
declinação (f)	declinación (f)	[deklina'θjon]
caso (m)	caso (m)	['kaso]
pergunta (f)	pregunta (f)	[pre'gunta]
sublinhar (vt)	subrayar (vt)	[suβra'jar]
linha (f) pontilhada	línea (f) de puntos	['linea de 'puntos]

98. Línguas estrangeiras

língua (f)	lengua (f)	['lengua]
estrangeiro (adj)	extranjero (adj)	[ekstran'χero]
língua (f) estrangeira	lengua (f) extranjera	['lengua ekstran'χera]
estudar (vt)	estudiar (vt)	[estu'ðjar]
aprender (vt)	aprender (vt)	[apren'der]

ler (vt)	leer (vi, vt)	[le'er]
falar (vi)	hablar (vi, vt)	[a'βlʲar]
entender (vt)	comprender (vt)	[kompren'der]
escrever (vt)	escribir (vt)	[eskri'βir]
rapidamente	rápidamente (adv)	['rapiða'mente]
devagar, lentamente	lentamente (adv)	[lenta'mente]

fluentemente	con fluidez (adv)	[kon flʲui'ðeθ]
regras (f pl)	reglas (f pl)	['reɣlʲas]
gramática (f)	gramática (f)	[gra'matika]
vocabulário (m)	vocabulario (m)	[bokaβu'lʲario]
fonética (f)	fonética (f)	[fo'netika]

livro (m) didático	manual (m)	[manu'alʲ]
dicionário (m)	diccionario (m)	[dikθjo'nario]
manual (m) autodidático	manual (m) autodidáctico	[manu'alʲ autoði'ðaktiko]
guia (m) de conversação	guía (f) de conversación	['gia de kombersa'θjon]

fita (f) cassete	casete (m)	[ka'sete]
videoteipe (m)	videocasete (f)	[biðeo·ka'sete]
CD (m)	disco compacto (m)	['disko kom'pakto]
DVD (m)	DVD (m)	[deβe'de]

alfabeto (m)	alfabeto (m)	[alʲfa'βeto]
soletrar (vt)	deletrear (vt)	[deletre'ar]
pronúncia (f)	pronunciación (f)	[pronunθja'θjon]

sotaque (m)	acento (m)	[a'θento]
com sotaque	con acento	[kon a'θento]
sem sotaque	sin acento	[sin a'θento]

palavra (f)	palabra (f)	[pa'lʲaβra]
sentido (m)	significado (m)	[siɣnifi'kaðo]

curso (m)	cursos (m pl)	['kursos]
inscrever-se (vr)	inscribirse (vr)	[inskri'βirse]
professor (m)	profesor (m)	[profe'sor]

tradução (processo)	traducción (f)	[traðuk'θjon]
tradução (texto)	traducción (f)	[traðuk'θjon]
tradutor (m)	traductor (m)	[traðuk'tor]
intérprete (m)	intérprete (m)	[in'terprete]

poliglota (m)	políglota (m)	[po'liɣlʲota]
memória (f)	memoria (f)	[me'moria]

Descanso. Entretenimento. Viagens

99. Viagens

turismo (m)	**turismo** (m)	[tu'rismo]
turista (m)	**turista** (m)	[tu'rista]
viagem (f)	**viaje** (m)	['bjaχe]
aventura (f)	**aventura** (f)	[aβen'tura]
percurso (curta viagem)	**viaje** (m)	['bjaχe]
férias (f pl)	**vacaciones** (f pl)	[baka'θjones]
estar de férias	**estar de vacaciones**	[es'tar de baka'θjones]
descanso (m)	**descanso** (m)	[des'kanso]
trem (m)	**tren** (m)	['tren]
de trem (chegar ~)	**en tren**	[en 'tren]
avião (m)	**avión** (m)	[a'βjon]
de avião	**en avión**	[en a'βjon]
de carro	**en coche**	[en 'kotʃe]
de navio	**en barco**	[en 'barko]
bagagem (f)	**equipaje** (m)	[eki'paχe]
mala (f)	**maleta** (f)	[ma'leta]
carrinho (m)	**carrito** (m) **de equipaje**	[ka'rito de eki'paχe]
passaporte (m)	**pasaporte** (m)	[pasa'porte]
visto (m)	**visado** (m)	[bi'saðo]
passagem (f)	**billete** (m)	[bi'jete]
passagem (f) aérea	**billete** (m) **de avión**	[bi'jete de a'βjon]
guia (m) de viagem	**guía** (f)	['gia]
mapa (m)	**mapa** (m)	['mapa]
área (f)	**área** (f)	['area]
lugar (m)	**lugar** (m)	[lʲu'gar]
exotismo (m)	**exotismo** (m)	[ekso'tismo]
exótico (adj)	**exótico** (adj)	[e'ksotiko]
surpreendente (adj)	**asombroso** (adj)	[asom'broso]
grupo (m)	**grupo** (m)	['grupo]
excursão (f)	**excursión** (f)	[eskur'θjon]
guia (m)	**guía** (m)	['gia]

100. Hotel

hotel (m)	**hotel** (m)	[o'telʲ]
motel (m)	**motel** (m)	[mo'telʲ]
três estrelas	**de tres estrellas**	[de 'tres es'trejas]

cinco estrelas	de cinco estrellas	[de 'θiŋko es'trejas]
ficar (vi, vt)	hospedarse (vr)	[ospe'ðarse]
quarto (m)	habitación (f)	[aβita'θjon]
quarto (m) individual	habitación (f) individual	[aβita'θjon indiβiðu'alʲ]
quarto (m) duplo	habitación (f) doble	[aβita'θjon 'doβle]
reservar um quarto	reservar una habitación	[reser'βar 'una aβita'θjon]
meia pensão (f)	media pensión (f)	['meðia pen'θjon]
pensão (f) completa	pensión (f) completa	[pen'θjon kom'pleta]
com banheira	con baño	[kon 'banjo]
com chuveiro	con ducha	[kon 'dutʃa]
televisão (m) por satélite	televisión (f) satélite	[teleβi'θjon sa'telite]
ar (m) condicionado	climatizador (m)	[klimatiθa'ðor]
toalha (f)	toalla (f)	[to'aja]
chave (f)	llave (f)	['jaβe]
administrador (m)	administrador (m)	[aðministra'ðor]
camareira (f)	camarera (f)	[kama'rera]
bagageiro (m)	maletero (m)	[male'tero]
porteiro (m)	portero (m)	[por'tero]
restaurante (m)	restaurante (m)	[restau'rante]
bar (m)	bar (m)	[bar]
café (m) da manhã	desayuno (m)	[desa'juno]
jantar (m)	cena (f)	['θena]
bufê (m)	buffet (m) libre	[bu'fet 'liβre]
saguão (m)	vestíbulo (m)	[bes'tiβulʲo]
elevador (m)	ascensor (m)	[aθen'sor]
NÃO PERTURBE	NO MOLESTAR	[no moles'tar]
PROIBIDO FUMAR!	PROHIBIDO FUMAR	[proi'βiðo fu'mar]

EQUIPAMENTO TÉCNICO. TRANSPORTES

Equipamento técnico

101. Computador

computador (m)	ordenador (m)	[orðena'ðor]
computador (m) portátil	ordenador (m) portátil	[orðena'ðor por'tatilʲ]
ligar (vt)	encender (vt)	[enθen'der]
desligar (vt)	apagar (vt)	[apa'gar]
teclado (m)	teclado (m)	[te'klʲaðo]
tecla (f)	tecla (f)	['teklʲa]
mouse (m)	ratón (m)	[ra'ton]
tapete (m) para mouse	alfombrilla (f) para ratón	[alʲfom'brija 'para ra'ton]
botão (m)	botón (m)	[bo'ton]
cursor (m)	cursor (m)	[kur'sor]
monitor (m)	monitor (m)	[moni'tor]
tela (f)	pantalla (f)	[pan'taja]
disco (m) rígido	disco (m) duro	['disko 'duro]
capacidade (f) do disco rígido	volumen (m) de disco duro	[bo'lʲumen de 'disko 'duro]
memória (f)	memoria (f)	[me'moria]
memória RAM (f)	memoria (f) operativa	[me'morja opera'tiβa]
arquivo (m)	archivo, fichero (m)	[ar'tʃiβo], [fi'tʃero]
pasta (f)	carpeta (f)	[kar'peta]
abrir (vt)	abrir (vt)	[a'βrir]
fechar (vt)	cerrar (vt)	[θe'rar]
salvar (vt)	guardar (vt)	[guar'ðar]
deletar (vt)	borrar (vt)	[bo'rar]
copiar (vt)	copiar (vt)	[ko'pjar]
ordenar (vt)	ordenar (vt)	[orðe'nar]
copiar (vt)	transferir (vt)	[transfe'rir]
programa (m)	programa (m)	[pro'ɣrama]
software (m)	software (m)	['sofwer]
programador (m)	programador (m)	[proɣrama'ðor]
programar (vt)	programar (vt)	[proɣra'mar]
hacker (m)	hacker (m)	['aker]
senha (f)	contraseña (f)	[kontra'senja]
vírus (m)	virus (m)	['birus]
detectar (vt)	detectar (vt)	[detek'tar]
byte (m)	octeto, byte (m)	[ok'teto], ['βajt]

megabyte (m)	megabyte (m)	[mega'βajt]
dados (m pl)	datos (m pl)	['datos]
base (f) de dados	base (f) de datos	['base de 'datos]
cabo (m)	cable (m)	['kaβle]
desconectar (vt)	desconectar (vt)	[deskonek'tar]
conectar (vt)	conectar (vt)	[konek'tar]

102. Internet. E-mail

internet (f)	internet (m), red (f)	[inter'net], [reð]
browser (m)	navegador (m)	[naβega'ðor]
motor (m) de busca	buscador (m)	[buska'ðor]
provedor (m)	proveedor (m)	[proβee'ðor]
webmaster (m)	webmaster (m)	[weβ'master]
website (m)	sitio (m) web	['sitio weβ]
web page (f)	página (f) web	['paχina weβ]
endereço (m).	dirección (f)	[direk'θjon]
livro (m) de endereços	libro (m) de direcciones	['liβro de direk'θjones]
caixa (f) de correio	buzón (m)	[bu'θon]
correio (m)	correo (m)	[ko'reo]
cheia (caixa de correio)	lleno (adj)	['jeno]
mensagem (f)	mensaje (m)	[men'saχe]
mensagens (f pl) recebidas	correo (m) entrante	[ko'reo en'trante]
mensagens (f pl) enviadas	correo (m) saliente	[ko'reo sa'ljente]
remetente (m)	expedidor (m)	[ekspeði'ðor]
enviar (vt)	enviar (vt)	[em'bjar]
envio (m)	envío (m)	[em'bio]
destinatário (m)	destinatario (m)	[destina'tario]
receber (vt)	recibir (vt)	[reθi'βir]
correspondência (f)	correspondencia (f)	[korespon'denθia]
corresponder-se (vr)	escribirse con ...	[eskri'βirse kon]
arquivo (m)	archivo, fichero (m)	[ar'tʃiβo], [fi'tʃero]
fazer download, baixar (vt)	descargar (vt)	[deskar'gar]
criar (vt)	crear (vt)	[kre'ar]
deletar (vt)	borrar (vt)	[bo'rar]
deletado (adj)	borrado (adj)	[bo'raðo]
conexão (f)	conexión (f)	[konek'θjon]
velocidade (f)	velocidad (f)	[belʲoθi'ðað]
modem (m)	módem (m)	['moðem]
acesso (m)	acceso (m)	[ak'θeso]
porta (f)	puerto (m)	[pu'erto]
conexão (f)	conexión (f)	[konek'θjon]
conectar (vi)	conectarse a ...	[konek'tarse a]

escolher (vt)	seleccionar (vt)	[selekθjo'nar]
buscar (vt)	buscar (vt)	[bus'kar]

103. Eletricidade

eletricidade (f)	electricidad (f)	[elektriθi'ðað]
elétrico (adj)	eléctrico (adj)	[e'lektriko]
planta (f) elétrica	central (f) eléctrica	[θen'tralʲ e'lektrika]
energia (f)	energía (f)	[ener'χia]
energia (f) elétrica	energía (f) eléctrica	[ener'χia e'lektrika]

lâmpada (f)	bombilla (f)	[bom'bija]
lanterna (f)	linterna (f)	[lin'terna]
poste (m) de iluminação	farola (f)	[fa'rolʲa]

luz (f)	luz (f)	[lʲuθ]
ligar (vt)	encender (vt)	[enθen'der]
desligar (vt)	apagar (vt)	[apa'gar]
apagar a luz	apagar la luz	[apa'gar lʲa lʲuθ]

queimar (vi)	quemarse (vr)	[ke'marse]
curto-circuito (m)	circuito (m) corto	[θir'kuito 'korto]
ruptura (f)	ruptura (f)	[rup'tura]
contato (m)	contacto (m)	[kon'takto]

interruptor (m)	interruptor (m)	[interup'tor]
tomada (de parede)	enchufe (m)	[en'tʃufe]
plugue (m)	clavija (f)	[klʲa'βiχa]
extensão (f)	alargador (m)	[alʲarga'ðor]

fusível (m)	fusible (m)	[fu'siβle]
fio, cabo (m)	cable, hilo (m)	['kaβle], ['ilʲo]
instalação (f) elétrica	instalación (f) eléctrica	[instalʲa'θjon e'lektrika]

ampère (m)	amperio (m)	[am'perio]
amperagem (f)	amperaje (m)	[ampe'raχe]
volt (m)	voltio (m)	['bolʲtio]
voltagem (f)	voltaje (m)	[bolʲ'taχe]

aparelho (m) elétrico	aparato (m) eléctrico	[apa'rato e'lektriko]
indicador (m)	indicador (m)	[indika'ðor]

eletricista (m)	electricista (m)	[elektri'θista]
soldar (vt)	soldar (vt)	[solʲ'ðar]
soldador (m)	soldador (m)	[solʲda'ðor]
corrente (f) elétrica	corriente (f)	[ko'rjente]

104. Ferramentas

ferramenta (f)	instrumento (m)	[instru'mento]
ferramentas (f pl)	instrumentos (m pl),	[instru'mentos],
	herramientas (f pl)	[era'mjentas]

equipamento (m)	maquinaria (f)	[maki'naria]
martelo (m)	martillo (m)	[mar'tijo]
chave (f) de fenda	destornillador (m)	[destornija'ðor]
machado (m)	hacha (f)	['atʃa]

serra (f)	sierra (f)	['sjera]
serrar (vt)	serrar (vt)	[se'rar]
plaina (f)	cepillo (m)	[θe'pijo]
aplainar (vt)	cepillar (vt)	[θepi'jar]
soldador (m)	soldador (m)	[solʲda'ðor]
soldar (vt)	soldar (vt)	[solʲ'ðar]

lima (f)	lima (f)	['lima]
tenaz (f)	tenazas (f pl)	[te'naθas]
alicate (m)	alicates (m pl)	[ali'kates]
formão (m)	escoplo (m)	[es'koplʲo]

broca (f)	broca (f)	['broka]
furadeira (f) elétrica	taladro (m)	[ta'lʲaðro]
furar (vt)	taladrar (vi, vt)	[talʲa'ðrar]

faca (f)	cuchillo (m)	[ku'tʃijo]
canivete (m)	navaja (f)	[na'βaχa
lâmina (f)	filo (m)	['filʲo]

afiado (adj)	agudo (adj)	[a'guðo]
cego (adj)	embotado (adj)	[embo'taðo]
embotar-se (vr)	embotarse (vr)	[embo'tarse]
afiar, amolar (vt)	afilar (vt)	[afi'lʲar]

parafuso (m)	perno (m)	['perno]
porca (f)	tuerca (f)	[tu'erka]
rosca (f)	filete (m)	[fi'lete]
parafuso (para madeira)	tornillo (m)	[tor'nijo]

prego (m)	clavo (m)	['klʲaβo]
cabeça (f) do prego	cabeza (f) del clavo	[ka'βeθa delʲ 'klʲaβo]

régua (f)	regla (f)	['reɣlʲa]
fita (f) métrica	cinta (f) métrica	['θinta 'metrika]
nível (m)	nivel (m) de burbuja	[ni'βelʲ de bur'βuχa]
lupa (f)	lupa (f)	['lʲupa]

medidor (m)	aparato (m) de medida	[apa'rato de me'ðiða]
medir (vt)	medir (vt)	[me'ðir]
escala (f)	escala (f)	[es'kalʲa]
indicação (f), registro (m)	lectura (f)	[lek'tura]

compressor (m)	compresor (m)	[kompre'sor]
microscópio (m)	microscopio (m)	[mikros'kopio]

bomba (f)	bomba (f)	['bomba]
robô (m)	robot (m)	[ro'βot]
laser (m)	láser (m)	['lʲaser]
chave (f) de boca	llave (f) de tuerca	['jaβe de tu'erka]
fita (f) adesiva	cinta (f) adhesiva	['θinta aðe'siβa]

cola (f)	cola (f), pegamento (m)	['kolʲa], [pega'mento]
lixa (f)	papel (m) de lija	[pa'pelʲ de 'liχa]
mola (f)	resorte (m)	[re'sorte]
ímã (m)	imán (m)	[i'man]
luva (f)	guantes (m pl)	[gu'antes]
corda (f)	cuerda (f)	[ku'erða]
cabo (~ de nylon, etc.)	cordón (m)	[kor'ðon]
fio (m)	hilo (m)	['ilʲo]
cabo (~ elétrico)	cable (m)	['kaβle]
marreta (f)	almádana (f)	[alʲ'maðana]
pé de cabra (m)	barra (f)	['bara]
escada (f) de mão	escalera (f) portátil	[eska'lera por'tatilʲ]
escada (m)	escalera (f) de tijera	[eska'lera de ti'χera]
enroscar (vt)	atornillar (vt)	[atorni'jar]
desenroscar (vt)	destornillar (vt)	[destorni'jar]
apertar (vt)	apretar (vt)	[apre'tar]
colar (vt)	pegar (vt)	[pe'gar]
cortar (vt)	cortar (vt)	[kor'tar]
falha (f)	fallo (m)	['fajo]
conserto (m)	reparación (f)	[repara'θjon]
consertar, reparar (vt)	reparar (vt)	[repa'rar]
regular, ajustar (vt)	regular, ajustar (vt)	[regu'lʲar], [aχus'tar]
verificar (vt)	verificar (vt)	[berifi'kar]
verificação (f)	control (m)	[kon'trolʲ]
indicação (f), registro (m)	lectura (f)	[lek'tura]
seguro (adj)	fiable (adj)	['fjaβle]
complicado (adj)	complicado (adj)	[kompli'kaðo]
enferrujar (vi)	oxidarse (vr)	[oksi'ðarse]
enferrujado (adj)	oxidado (adj)	[oksi'ðaðo]
ferrugem (f)	óxido (m)	['oksiðo]

Transportes

avião (m)	avión (m)	[a'βjon]
passagem (f) aérea	billete (m) de avión	[bi'jete de a'βjon]
companhia (f) aérea	compañía (f) aérea	[kompa'njia a'erea]
aeroporto (m)	aeropuerto (m)	[aeropu'erto]
supersônico (adj)	supersónico (adj)	[super'soniko]
comandante (m) do avião	comandante (m)	[koman'dante]
tripulação (f)	tripulación (f)	[tripulʲa'θjon]
piloto (m)	piloto (m)	[pi'lʲoto]
aeromoça (f)	azafata (f)	[aθa'fata]
copiloto (m)	navegador (m)	[naβega'ðor]
asas (f pl)	alas (f pl)	['alʲas]
cauda (f)	cola (f)	['kolʲa]
cabine (f)	cabina (f)	[ka'βina]
motor (m)	motor (m)	[mo'tor]
trem (m) de pouso	tren (m) de aterrizaje	['tren de ateri'θaχe]
turbina (f)	turbina (f)	[tur'βina]
hélice (f)	hélice (f)	['eliθe]
caixa-preta (f)	caja (f) negra	['kaχa 'neɣra]
coluna (f) de controle	timón (m)	[ti'mon]
combustível (m)	combustible (m)	[kombus'tiβle]
instruções (f pl) de segurança	instructivo (m) de seguridad	[instruk'tiβo de seguri'ðað]
máscara (f) de oxigênio	respirador (m) de oxígeno	[respira'ðor de o'ksiχeno]
uniforme (m)	uniforme (m)	[uni'forme]
colete (m) salva-vidas	chaleco (m) salvavidas	[tʃa'leko salʲβa'βiðas]
paraquedas (m)	paracaídas (m)	[paraka'iðas]
decolagem (f)	despegue (m)	[des'pege]
descolar (vi)	despegar (vi)	[despe'gar]
pista (f) de decolagem	pista (f) de despegue	['pista de des'pege]
visibilidade (f)	visibilidad (f)	[bisiβili'ðað]
voo (m)	vuelo (m)	[bu'elʲo]
altura (f)	altura (f)	[alʲ'tura]
poço (m) de ar	pozo (m) de aire	['poθo de 'aire]
assento (m)	asiento (m)	[a'sjento]
fone (m) de ouvido	auriculares (m pl)	[auriku'lʲares]
mesa (f) retrátil	mesita (f) plegable	[me'sita ple'gaβle]
janela (f)	ventana (f)	[ben'tana]
corredor (m)	pasillo (m)	[pa'sijo]

106. Comboio

trem (m)	tren (m)	['tren]
trem (m) elétrico	tren (m) de cercanías	['tren de θerka'nias]
trem (m)	tren (m) rápido	['tren 'rapiðo]
locomotiva (f) diesel	locomotora (f) diésel	[lʲokomo'tora 'djeselʲ]
locomotiva (f) a vapor	tren (m) de vapor	['tren de ba'por]
vagão (f) de passageiros	coche (m)	['kotʃe]
vagão-restaurante (m)	coche restaurante (m)	['kotʃe restau'rante]
carris (m pl)	rieles (m pl)	['rjeles]
estrada (f) de ferro	ferrocarril (m)	[feroka'rilʲ]
travessa (f)	traviesa (f)	[tra'βjesa]
plataforma (f)	plataforma (f)	[plʲata'forma]
linha (f)	vía (f)	['bia]
semáforo (m)	semáforo (m)	[se'maforo]
estação (f)	estación (f)	[esta'θjon]
maquinista (m)	maquinista (m)	[maki'nista]
bagageiro (m)	maletero (m)	[male'tero]
hospedeiro, -a (m, f)	mozo (m) del vagón	['moθo delʲ ba'ɣon]
passageiro (m)	pasajero (m)	[pasa'χero]
revisor (m)	revisor (m)	[reβi'sor]
corredor (m)	corredor (m)	[kore'ðor]
freio (m) de emergência	freno (m) de urgencia	['freno de ur'χenθia]
compartimento (m)	compartimiento (m)	[komparti'mjento]
cama (f)	litera (f)	[li'tera]
cama (f) de cima	litera (f) de arriba	[li'tera de a'riβa]
cama (f) de baixo	litera (f) de abajo	[li'tera de a'βaχo]
roupa (f) de cama	ropa (f) de cama	['ropa de 'kama]
passagem (f)	billete (m)	[bi'jete]
horário (m)	horario (m)	[o'rario]
painel (m) de informação	pantalla (f) de información	[pan'taja de imforma'θjon]
partir (vt)	partir (vi)	[par'tir]
partida (f)	partida (f)	[par'tiða]
chegar (vi)	llegar (vi)	[je'gar]
chegada (f)	llegada (f)	[je'gaða]
chegar de trem	llegar en tren	[je'gar en 'tren]
pegar o trem	tomar el tren	[to'mar elʲ 'tren]
descer de trem	bajar del tren	[ba'χar delʲ 'tren]
acidente (m) ferroviário	descarrilamiento (m)	[deskarilʲa'mjento]
descarrilar (vi)	descarrilarse (vr)	[deskari'lʲarse]
locomotiva (f) a vapor	tren (m) de vapor	['tren de ba'por]
foguista (m)	fogonero (m)	[fogo'nero]
fornalha (f)	hogar (m)	[o'gar]
carvão (m)	carbón (m)	[kar'βon]

107. Barco

navio (m)	barco, buque (m)	['barko], ['buke]
embarcação (f)	navío (m)	[na'βio]
barco (m) a vapor	buque (m) de vapor	['buke de ba'por]
barco (m) fluvial	motonave (f)	[moto'naβe]
transatlântico (m)	trasatlántico (m)	[trasat'lʲantiko]
cruzeiro (m)	crucero (m)	[kru'θero]
iate (m)	yate (m)	['jate]
rebocador (m)	remolcador (m)	[remolʲka'ðor]
barcaça (f)	barcaza (f)	[bar'kaθa]
ferry (m)	ferry (m)	['feri]
veleiro (m)	velero (m)	[be'lero]
bergantim (m)	bergantín (m)	[bergan'tin]
quebra-gelo (m)	rompehielos (m)	[rompe·'jelʲos]
submarino (m)	submarino (m)	[suβma'rino]
bote, barco (m)	bote (m)	['bote]
baleeira (bote salva-vidas)	bote (m)	['bote]
bote (m) salva-vidas	bote (m) salvavidas	['bote salʲβa'βiðas]
lancha (f)	lancha (f) motora	['lʲantʃa mo'tora]
capitão (m)	capitán (m)	[kapi'tan]
marinheiro (m)	marinero (m)	[mari'nero]
marujo (m)	marino (m)	[ma'rino]
tripulação (f)	tripulación (f)	[tripulʲa'θjon]
contramestre (m)	contramaestre (m)	[kontrama'estre]
grumete (m)	grumete (m)	[gru'mete]
cozinheiro (m) de bordo	cocinero (m) de abordo	[koθi'nero de a'βorðo]
médico (m) de bordo	médico (m) del buque	['meðiko delʲ 'buke]
convés (m)	cubierta (f)	[ku'βjerta]
mastro (m)	mástil (m)	['mastilʲ]
vela (f)	vela (f)	['belʲa]
porão (m)	bodega (f)	[bo'ðega]
proa (f)	proa (f)	['proa]
popa (f)	popa (f)	['popa]
remo (m)	remo (m)	['remo]
hélice (f)	hélice (f)	['eliθe]
cabine (m)	camarote (m)	[kama'rote]
sala (f) dos oficiais	sala (f) de oficiales	['salʲa de ofi'θjales]
sala (f) das máquinas	sala (f) de máquinas	['salʲa de 'makinas]
ponte (m) de comando	puente (m) de mando	[pu'ente de 'mando]
sala (f) de comunicações	sala (f) de radio	['salʲa de 'raðio]
onda (f)	onda (f)	['onda]
diário (m) de bordo	cuaderno (m) de bitácora	[kua'ðerno de bi'takora]
luneta (f)	anteojo (m)	[ante'oχo]
sino (m)	campana (f)	[kam'pana]

bandeira (f)	bandera (f)	[ban'dera]
cabo (m)	cabo (m)	['kaβo]
nó (m)	nudo (m)	['nuðo]

corrimão (m)	pasamano (m)	[pasa'mano]
prancha (f) de embarque	pasarela (f)	[pasa'rel'a]

âncora (f)	ancla (f)	['aŋkl'a]
recolher a âncora	levar ancla	[le'βar 'aŋkl'a]
jogar a âncora	echar ancla	[e'tʃar 'aŋkl'a]
amarra (corrente de âncora)	cadena (f) del ancla	[ka'ðena del' 'aŋkl'a]

porto (m)	puerto (m)	[pu'erto]
cais, amarradouro (m)	embarcadero (m)	[embarka'ðero]
atracar (vi)	amarrar (vt)	[ama'rar]
desatracar (vi)	desamarrar (vt)	[desama'rar]

viagem (f)	viaje (m)	['bjaχe]
cruzeiro (m)	crucero (m)	[kru'θero]
rumo (m)	derrota (f)	[de'rota]
itinerário (m)	itinerario (m)	[itine'rario]

canal (m) de navegação	canal (m) navegable	[ka'nal' naβe'gaβle]
banco (m) de areia	bajío (m)	[ba'χio]
encalhar (vt)	encallar (vi)	[eŋka'jar]

tempestade (f)	tempestad (f)	[tempes'tað]
sinal (m)	señal (f)	[se'njal']
afundar-se (vr)	hundirse (vr)	[un'dirse]
Homem ao mar!	¡Hombre al agua!	['ombre al' 'agua]
SOS	SOS	['ese o 'ese]
boia (f) salva-vidas	aro (m) salvavidas	['aro sal'βa'βiðas]

108. Aeroporto

aeroporto (m)	aeropuerto (m)	[aeropu'erto]
avião (m)	avión (m)	[a'βjon]
companhia (f) aérea	compañía (f) aérea	[kompa'njia a'erea]
controlador (m) de tráfego aéreo	controlador (m) aéreo	[kontrol'a'ðor a'ereo]

partida (f)	despegue (m)	[des'pege]
chegada (f)	llegada (f)	[je'gaða]
chegar (vi)	llegar (vi)	[je'gar]

hora (f) de partida	hora (f) de salida	['ora de sa'liða]
hora (f) de chegada	hora (f) de llegada	['ora de je'gaða]

estar atrasado	retrasarse (vr)	[retra'sarse]
atraso (m) de voo	retraso (m) de vuelo	[re'traso de bu'el'o]

painel (m) de informação	pantalla (f) de información	[pan'taja de iɱforma'θjon]
informação (f)	información (f)	[iɱforma'θjon]
anunciar (vt)	anunciar (vt)	[anun'θjar]

voo (m)	**vuelo** (m)	[bu'elʲo]
alfândega (f)	**aduana** (f)	[aðu'ana]
funcionário (m) da alfândega	**aduanero** (m)	[aðua'nero]

declaração (f) alfandegária	**declaración** (f) **de aduana**	[deklʲara'θjon de aðu'ana]
preencher (vt)	**rellenar** (vt)	[reje'nar]
preencher a declaração	**rellenar la declaración**	[reje'nar lʲa deklʲara'θjon]
controle (m) de passaporte	**control** (m) **de pasaportes**	[kon'trolʲ de pasa'portes]

bagagem (f)	**equipaje** (m)	[eki'paχe]
bagagem (f) de mão	**equipaje** (m) **de mano**	[eki'paχe de 'mano]
carrinho (m)	**carrito** (m) **de equipaje**	[ka'rito de eki'paχe]

pouso (m)	**aterrizaje** (m)	[ateri'θaχe]
pista (f) de pouso	**pista** (f) **de aterrizaje**	['pista de ateri'θaχe]
aterrissar (vi)	**aterrizar** (vi)	[ateri'θar]
escada (f) de avião	**escaleras** (f pl)	[eska'leras]

check-in (m)	**facturación** (f), **check-in** (m)	[faktura'θjon], [ʧek·'in]
balcão (m) do check-in	**mostrador** (m) **de facturación**	[mostra'ðor de faktura'θjon]
fazer o check-in	**hacer el check-in**	[a'θer elʲ ʧek·'in]
cartão (m) de embarque	**tarjeta** (f) **de embarque**	[tar'χeta de em'barke]
portão (m) de embarque	**puerta** (f) **de embarque**	[pu'erta de em'barke]

trânsito (m)	**tránsito** (m)	['transito]
esperar (vi, vt)	**esperar** (vt)	[espe'rar]
sala (f) de espera	**zona** (f) **de preembarque**	['θona de preem'barke]
despedir-se (acompanhar)	**despedir** (vt)	[despe'ðir]
despedir-se (dizer adeus)	**despedirse** (vr)	[despe'ðirse]

Eventos

festa (f)	**fiesta** (f)	['fjesta]
feriado (m) nacional	**fiesta** (f) **nacional**	['fjesta naθjo'nalʲ]
feriado (m)	**día** (m) **de fiesta**	['dia de 'fjesta]
festejar (vt)	**celebrar** (vt)	[θele'βrar]
evento (festa, etc.)	**evento** (m)	[e'βento]
evento (banquete, etc.)	**medida** (f)	[me'ðiða]
banquete (m)	**banquete** (m)	[baŋ'kete]
recepção (f)	**recepción** (f)	[resep'θjon]
festim (m)	**festín** (m)	[fes'tin]
aniversário (m)	**aniversario** (m)	[aniβer'sario]
jubileu (m)	**jubileo** (m)	[χuβi'leo]
Ano (m) Novo	**Año** (m) **Nuevo**	['anjo nu'eβo]
Feliz Ano Novo!	**¡Feliz Año Nuevo!**	[fe'liθ 'anjo nu'eβo]
Papai Noel (m)	**Papá Noel** (m)	[pa'pa no'elʲ]
Natal (m)	**Navidad** (f)	[naβi'ðað]
Feliz Natal!	**¡Feliz Navidad!**	[fe'liθ naβi'ðað]
árvore (f) de Natal	**árbol** (m) **de Navidad**	['arβolʲ de naβi'ðað]
fogos (m pl) de artifício	**fuegos** (m pl) **artificiales**	[fu'egos artifi'θjales]
casamento (m)	**boda** (f)	['boða]
noivo (m)	**novio** (m)	['noβio]
noiva (f)	**novia** (f)	['noβia]
convidar (vt)	**invitar** (vt)	[imbi'tar]
convite (m)	**tarjeta** (f) **de invitación**	[tar'χeta de imbita'θjon]
convidado (m)	**invitado** (m)	[imbi'taðo]
visitar (vt)	**visitar** (vt)	[bisi'tar]
receber os convidados	**recibir a los invitados**	[reθi'βir a los imbi'taðos]
presente (m)	**regalo** (m)	[re'galʲo]
oferecer, dar (vt)	**regalar** (vt)	[rega'lʲar]
receber presentes	**recibir regalos**	[reθi'βir re'galʲos]
buquê (m) de flores	**ramo** (m) **de flores**	['ramo de 'flʲores]
felicitações (f pl)	**felicitación** (f)	[feliθita'θjon]
felicitar (vt)	**felicitar** (vt)	[feliθi'tar]
cartão (m) de parabéns	**tarjeta** (f) **de felicitación**	[tar'χeta de feliθita'θjon]
enviar um cartão postal	**enviar una tarjeta**	[em'bjar 'una tar'χeta]
receber um cartão postal	**recibir una tarjeta**	[reθi'βir 'una tar'χeta]
brinde (m)	**brindis** (m)	['brindis]

oferecer (vt)	ofrecer (vt)	[ofre'θer]
champanhe (m)	champaña (f)	[tʃam'panja]

divertir-se (vr)	divertirse (vr)	[diβer'tirse]
diversão (f)	diversión (f)	[diβer'sjon]
alegria (f)	alegría (f)	[ale'ɣria]

dança (f)	baile (m)	['bajle]
dançar (vi)	bailar (vi, vt)	[baj'lʲar]

valsa (f)	vals (m)	[balʲs]
tango (m)	tango (m)	['tango]

110. Funerais. Enterro

cemitério (m)	cementerio (m)	[θemen'terio]
sepultura (f), túmulo (m)	tumba (f)	['tumba]
cruz (f)	cruz (f)	[kruθ]
lápide (f)	lápida (f)	['lʲapiða]
cerca (f)	verja (f)	['berχa]
capela (f)	capilla (f)	[ka'pija]

morte (f)	muerte (f)	[mu'erte]
morrer (vi)	morir (vi)	[mo'rir]
defunto (m)	difunto (m)	[di'funto]
luto (m)	luto (m)	['lʲuto]

enterrar, sepultar (vt)	enterrar (vt)	[ente'rar]
funerária (f)	funeraria (f)	[fune'raria]
funeral (m)	entierro (m)	[en'tjero]

coroa (f) de flores	corona (f) funeraria	[ko'rona fune'raria]
caixão (m)	ataúd (m)	[ata'uð]
carro (m) funerário	coche (m) fúnebre	['kotʃe 'funeβre]
mortalha (f)	mortaja (f)	[mor'taχa]

procissão (f) funerária	cortejo (m) fúnebre	[kor'teχo 'funeβre]
urna (f) funerária	urna (f) funeraria	['urna fune'raria]
crematório (m)	crematorio (m)	[krema'torio]

obituário (m), necrologia (f)	necrología (f)	[nekrolʲo'χia]
chorar (vi)	llorar (vi)	[jo'rar]
soluçar (vi)	sollozar (vi)	[sojo'θar]

111. Guerra. Soldados

pelotão (m)	sección (f)	[sek'θjon]
companhia (f)	compañía (f)	[kompa'njia]
regimento (m)	regimiento (m)	[reχi'mjento]
exército (m)	ejército (m)	[e'χerθito]
divisão (f)	división (f)	[diβi'θjon]
esquadrão (m)	destacamento (m)	[destaka'mento]

hoste (f)	**hueste** (f)	[u'este]
soldado (m)	**soldado** (m)	[solʲ'ðaðo]
oficial (m)	**oficial** (m)	[ofi'θjalʲ]

soldado (m) raso	**soldado** (m) **raso**	[solʲ'ðaðo 'raso]
sargento (m)	**sargento** (m)	[sar'χento]
tenente (m)	**teniente** (m)	[te'njente]
capitão (m)	**capitán** (m)	[kapi'tan]
major (m)	**mayor** (m)	[ma'jor]
coronel (m)	**coronel** (m)	[koro'nelʲ]
general (m)	**general** (m)	[χene'ralʲ]

marujo (m)	**marino** (m)	[ma'rino]
capitão (m)	**capitán** (m)	[kapi'tan]
contramestre (m)	**contramaestre** (m)	[kontrama'estre]

artilheiro (m)	**artillero** (m)	[arti'jero]
soldado (m) paraquedista	**paracaidista** (m)	[parakai'ðista]
piloto (m)	**piloto** (m)	[pi'lʲoto]
navegador (m)	**navegador** (m)	[naβega'ðor]
mecânico (m)	**mecánico** (m)	[me'kaniko]

sapador-mineiro (m)	**zapador** (m)	[θapa'ðor]
paraquedista (m)	**paracaidista** (m)	[parakai'ðista]
explorador (m)	**explorador** (m)	[eksplʲora'ðor]
atirador (m) de tocaia	**francotirador** (m)	['fraŋko·tira'ðor]

patrulha (f)	**patrulla** (f)	[pa'truja]
patrulhar (vt)	**patrullar** (vi, vt)	[patru'jar]
sentinela (f)	**centinela** (m)	[θenti'nelʲa]

guerreiro (m)	**guerrero** (m)	[ge'rero]
patriota (m)	**patriota** (m)	[pa'trjota]
herói (m)	**héroe** (m)	['eroe]
heroína (f)	**heroína** (f)	[ero'ina]

traidor (m)	**traidor** (m)	[trai'ðor]
trair (vt)	**traicionar** (vt)	[traiθjo'nar]

desertor (m)	**desertor** (m)	[deser'tor]
desertar (vt)	**desertar** (vi)	[deser'tar]

mercenário (m)	**mercenario** (m)	[merθe'nario]
recruta (m)	**recluta** (m)	[re'klʲuta]
voluntário (m)	**voluntario** (m)	[bolʲun'tario]

morto (m)	**muerto** (m)	[mu'erto]
ferido (m)	**herido** (m)	[e'riðo]
prisioneiro (m) de guerra	**prisionero** (m)	[prisjo'nero]

112. Guerra. Ações militares. Parte 1

guerra (f)	**guerra** (f)	['gera]
guerrear (vt)	**estar en guerra**	[es'tar en 'gera]

guerra (f) civil	**guerra** (f) **civil**	['gera θi'βilʲ]
perfidamente	**pérfidamente** (adv)	['perfiða'mente]
declaração (f) de guerra	**declaración** (f) **de guerra**	[deklʲara'θjon de 'gera]
declarar guerra	**declarar** (vt)	[deklʲa'rar]
agressão (f)	**agresión** (f)	[aɣre'sjon]
atacar (vt)	**atacar** (vt)	[ata'kar]
invadir (vt)	**invadir** (vt)	[imba'ðir]
invasor (m)	**invasor** (m)	[imba'sor]
conquistador (m)	**conquistador** (m)	[koŋkista'ðor]
defesa (f)	**defensa** (f)	[de'fensa]
defender (vt)	**defender** (vt)	[defen'der]
defender-se (vr)	**defenderse** (vr)	[defen'derse]
inimigo (m)	**enemigo** (m)	[ene'migo]
adversário (m)	**adversario** (m)	[aðβer'sario]
inimigo (adj)	**enemigo** (adj)	[ene'migo]
estratégia (f)	**estrategia** (f)	[estra'teχia]
tática (f)	**táctica** (f)	['taktika]
ordem (f)	**orden** (f)	['orðen]
comando (m)	**comando** (m)	[ko'mando]
ordenar (vt)	**ordenar** (vt)	[orðe'nar]
missão (f)	**misión** (f)	[mi'sjon]
secreto (adj)	**secreto** (adj)	[se'kreto]
batalha (f)	**batalla** (f)	[ba'taja]
combate (m)	**combate** (m)	[kom'bate]
ataque (m)	**ataque** (m)	[a'take]
assalto (m)	**asalto** (m)	[a'salʲto]
assaltar (vt)	**tomar por asalto**	[to'mar por a'salʲto]
assédio, sítio (m)	**asedio** (m), **sitio** (m)	[a'seðio], ['sitio]
ofensiva (f)	**ofensiva** (f)	[ofen'siβa]
tomar à ofensiva	**tomar la ofensiva**	[to'mar lʲa ofen'siβa]
retirada (f)	**retirada** (f)	[reti'raða]
retirar-se (vr)	**retirarse** (vr)	[reti'rarse]
cerco (m)	**envolvimiento** (m)	[embolʲβi'mjento]
cercar (vt)	**cercar** (vt)	[θer'kar]
bombardeio (m)	**bombardeo** (m)	[bombar'ðeo]
lançar uma bomba	**lanzar una bomba**	[lʲan'θar 'una 'bomba]
bombardear (vt)	**bombear** (vt)	[bombe'ar]
explosão (f)	**explosión** (f)	[eksplʲo'sjon]
tiro (m)	**tiro** (m), **disparo** (m)	['tiro], [dis'paro]
dar um tiro	**disparar** (vi)	[dispa'rar]
tiroteio (m)	**tiro** (m)	['tiro]
apontar para …	**apuntar a …**	[apun'tar a]
apontar (vt)	**encarar** (vt)	[eŋka'rar]

acertar (vt)	alcanzar (vt)	[al'kan'θar]
afundar (~ um navio, etc.)	hundir (vt)	[un'dir]
brecha (f)	brecha (f)	['bretʃa]
afundar-se (vr)	hundirse (vr)	[un'dirse]

frente (m)	frente (m)	['frente]
evacuação (f)	evacuación (f)	[eβakua'θjon]
evacuar (vt)	evacuar (vt)	[eβaku'ar]

trincheira (f)	trinchera (f)	[trin'tʃera]
arame (m) enfarpado	alambre (m) de púas	[a'lʲambre de 'puas]
barreira (f) anti-tanque	barrera (f)	[ba'rera]
torre (f) de vigia	torre (f) de vigilancia	['tore de biχi'lʲanθia]

hospital (m) militar	hospital (m)	[ospi'talʲ]
ferir (vt)	herir (vi, vt)	[e'rir]
ferida (f)	herida (f)	[e'riða]
ferido (m)	herido (m)	[e'riðo]
ficar ferido	recibir una herida	[reθi'βir 'una e'riða]
grave (ferida ~)	grave (adj)	['graβe]

113. Guerra. Ações militares. Parte 2

cativeiro (m)	cautiverio (m)	[kauti'βerio]
capturar (vt)	capturar (vt)	[kaptu'rar]
estar em cativeiro	estar en cautiverio	[es'tar en kauti'βerio]
ser aprisionado	caer prisionero	[ka'er prisjo'nero]

campo (m) de concentração	campo (m) de concentración	['kampo de konθentra'θjon]
prisioneiro (m) de guerra	prisionero (m)	[prisjo'nero]
escapar (vi)	escapar (vi)	[eska'par]

trair (vt)	traicionar (vt)	[traiθjo'nar]
traidor (m)	traidor (m)	[trai'ðor]
traição (f)	traición (f)	[trai'θjon]

| fuzilar, executar (vt) | fusilar (vt) | [fusi'lʲar] |
| fuzilamento (m) | fusilamiento (m) | [fusilʲa'mjento] |

equipamento (m)	equipo (m)	[e'kipo]
insígnia (f) de ombro	hombrera (f)	[om'brera]
máscara (f) de gás	máscara (f) antigás	['maskara anti'ɣas]

rádio (m)	radio transmisor (m)	['raðjo transmi'sor]
cifra (f), código (m)	cifra (f)	['θifra]
conspiração (f)	conspiración (f)	[konspira'θjon]
senha (f)	contraseña (f)	[kontra'senja]

mina (f)	mina (f) terrestre	['mina te'restre]
minar (vt)	minar (vt)	[mi'nar]
campo (m) minado	campo (m) minado	['kampo mi'naðo]

| alarme (m) aéreo | alarma (f) aérea | [a'lʲarma a'erea] |
| alarme (m) | alarma (f) | [a'lʲarma] |

sinal (m)	señal (f)	[se'njalʲ]
sinalizador (m)	cohete (m) de señales	[ko'ete de se'njales]
quartel-general (m)	estado (m) mayor	[es'taðo ma'jor]
reconhecimento (m)	reconocimiento (m)	[rekonoθi'mjento]
situação (f)	situación (f)	[situa'θjon]
relatório (m)	informe (m)	[iɱ'forme]
emboscada (f)	emboscada (f)	[embos'kaða]
reforço (m)	refuerzo (m)	[refu'erθo]
alvo (m)	blanco (m)	['blʲaŋko]
campo (m) de tiro	terreno (m) de prueba	[te'reno de pru'eβa]
manobras (f pl)	maniobras (f pl)	[ma'njoβras]
pânico (m)	pánico (m)	['paniko]
devastação (f)	devastación (f)	[deβasta'θjon]
ruínas (f pl)	destrucciones (f pl)	[destruk'θjones]
destruir (vt)	destruir (vt)	[destru'ir]
sobreviver (vi)	sobrevivir (vi, vt)	['soβreβi'βir]
desarmar (vt)	desarmar (vt)	[desar'mar]
manusear (vt)	manejar (vt)	[mane'χar]
Sentido!	¡Firmes!	['firmes]
Descansar!	¡Descanso!	[des'kanso]
façanha (f)	hazaña (f)	[a'θanja]
juramento (m)	juramento (m)	[χura'mento]
jurar (vi)	jurar (vt)	[χu'rar]
condecoração (f)	condecoración (f)	[kondekora'θjon]
condecorar (vt)	condecorar (vt)	[kondeko'rar]
medalha (f)	medalla (f)	[me'ðaja]
ordem (f)	orden (m)	['orðen]
vitória (f)	victoria (f)	[bik'toria]
derrota (f)	derrota (f)	[de'rota]
armistício (m)	armisticio (m)	[armis'tiθio]
bandeira (f)	bandera (f)	[ban'dera]
glória (f)	gloria (f)	['glʲoria]
parada (f)	desfile (m) militar	[desfi'le mili'tar]
marchar (vi)	marchar (vi)	[mar'tʃar]

114. Armas

arma (f)	arma (f)	['arma]
arma (f) de fogo	arma (f) de fuego	['arma de fu'ego]
arma (f) branca	arma (f) blanca	['arma 'blʲaŋka]
arma (f) química	arma (f) química	['arma 'kimika]
nuclear (adj)	nuclear (adj)	[nukle'ar]
arma (f) nuclear	arma (f) nuclear	['arma nukle'ar]
bomba (f)	bomba (f)	['bomba]

bomba (f) atômica	bomba (f) atómica	['bomba a'tomika]
pistola (f)	pistola (f)	[pis'tolʲa]
rifle (m)	fusil (m)	[fu'silʲ]
semi-automática (f)	metralleta (f)	[metra'jeta]
metralhadora (f)	ametralladora (f)	[ametraja'ðora]
boca (f)	boca (f)	['boka]
cano (m)	cañón (m)	[ka'njon]
calibre (m)	calibre (m)	[ka'liβre]
gatilho (m)	gatillo (m)	[ga'tijo]
mira (f)	alza (f)	['alʲθa]
carregador (m)	cargador (m)	[karga'ðor]
coronha (f)	culata (f)	[ku'lʲata]
granada (f) de mão	granada (f)	[gra'naða]
explosivo (m)	explosivo (m)	[eksplʲo'siβo]
bala (f)	bala (f)	['balʲa]
cartucho (m)	cartucho (m)	[kar'tutʃo]
carga (f)	carga (f)	['karga]
munições (f pl)	pertrechos (m pl)	[per'tretʃos]
bombardeiro (m)	bombardero (m)	[bombar'ðero]
avião (m) de caça	avión (m) de caza	[a'βjon de 'kaθa]
helicóptero (m)	helicóptero (m)	[eli'koptero]
canhão (m) antiaéreo	antiaéreo (m)	[anti·a'ereo]
tanque (m)	tanque (m)	['taŋke]
canhão (de um tanque)	cañón (m)	[ka'njon]
artilharia (f)	artillería (f)	[artije'ria]
canhão (m)	cañón (m)	[ka'njon]
fazer a pontaria	dirigir (vt)	[diri'xir]
morteiro (m)	mortero (m)	[mor'tero]
granada (f) de morteiro	bomba (f) de mortero	['bomba de mar'tero]
projétil (m)	obús (m)	[o'βus]
estilhaço (m)	trozo (m) de obús	['troθo de o'βus]
submarino (m)	submarino (m)	[suβma'rino]
torpedo (m)	torpedo (m)	[tor'peðo]
míssil (m)	misil (m)	[mi'silʲ]
carregar (uma arma)	cargar (vt)	[kar'gar]
disparar, atirar (vi)	tirar (vi)	[ti'rar]
apontar para ...	apuntar a ...	[apun'tar a]
baioneta (f)	bayoneta (f)	[bajo'neta]
espada (f)	espada (f)	[es'paða]
sabre (m)	sable (m)	['saβle]
lança (f)	lanza (f)	['lʲanθa]
arco (m)	arco (m)	['arko]
flecha (f)	flecha (f)	['fletʃa]
mosquete (m)	mosquete (m)	[mos'kete]
besta (f)	ballesta (f)	[ba'jesta]

115. Povos da antiguidade

primitivo (adj)	**primitivo** (adj)	[primi'tiβo]
pré-histórico (adj)	**prehistórico** (adj)	[preis'toriko]
antigo (adj)	**antiguo** (adj)	[an'tiguo]

Idade (f) da Pedra	**Edad** (f) **de Piedra**	[e'ðað de 'pjeðra]
Idade (f) do Bronze	**Edad** (f) **de Bronce**	[e'ðað de 'bronθe]
Era (f) do Gelo	**Edad** (f) **de Hielo**	[e'ðað de 'jelʲo]

tribo (f)	**tribu** (f)	['triβu]
canibal (m)	**caníbal** (m)	[ka'niβalʲ]
caçador (m)	**cazador** (m)	[kaθa'ðor]
caçar (vi)	**cazar** (vi, vt)	[ka'θar]
mamute (m)	**mamut** (m)	[ma'mut]

caverna (f)	**caverna** (f)	[ka'βerna]
fogo (m)	**fuego** (m)	[fu'ego]
fogueira (f)	**hoguera** (f)	[o'gera]
pintura (f) rupestre	**pintura** (f) **rupestre**	[pin'tura ru'pestre]

ferramenta (f)	**herramienta** (f), **útil** (m)	[era'mjenta], ['utilʲ]
lança (f)	**lanza** (f)	['lʲanθa]
machado (m) de pedra	**hacha** (f) **de piedra**	['atʃa de 'pjeðra]
guerrear (vt)	**estar en guerra**	[es'tar en 'gera]
domesticar (vt)	**domesticar** (vt)	[domesti'kar]

ídolo (m)	**ídolo** (m)	['iðolʲo]
adorar, venerar (vt)	**adorar** (vt)	[aðo'rar]
superstição (f)	**superstición** (f)	[supersti'θjon]
ritual (m)	**rito** (m)	['rito]

evolução (f)	**evolución** (f)	[eβolʲu'θjon]
desenvolvimento (m)	**desarrollo** (m)	[desa'rojo]
extinção (f)	**desaparición** (f)	[desapari'θjon]
adaptar-se (vr)	**adaptarse** (vr)	[aðap'tarse]

arqueologia (f)	**arqueología** (f)	[arkeolʲo'χia]
arqueólogo (m)	**arqueólogo** (m)	[arke'olʲogo]
arqueológico (adj)	**arqueológico** (adj)	[arkeo'lʲoχiko]

escavação (sítio)	**sitio** (m) **de excavación**	['sitio de ekskaβa'θjon]
escavações (f pl)	**excavaciones** (f pl)	[ekskaβa'θjones]
achado (m)	**hallazgo** (m)	[a'jaθgo]
fragmento (m)	**fragmento** (m)	[fraɣ'mento]

116. Idade média

povo (m)	**pueblo** (m)	[pu'eβlʲo]
povos (m pl)	**pueblos** (m pl)	[pu'eβlʲos]
tribo (f)	**tribu** (f)	['triβu]
tribos (f pl)	**tribus** (f pl)	['triβus]
bárbaros (pl)	**bárbaros** (m pl)	['barβaros]

galeses (pl)	**galos** (m pl)	['galʲos]
godos (pl)	**godos** (m pl)	['goðos]
eslavos (pl)	**eslavos** (m pl)	[es'lʲaβos]
viquingues (pl)	**vikingos** (m pl)	[bi'kingos]

romanos (pl)	**romanos** (m pl)	[ro'manos]
romano (adj)	**romano** (adj)	[ro'mano]

bizantinos (pl)	**bizantinos** (m pl)	[biθan'tinos]
Bizâncio	**Bizancio** (m)	[bi'θanθio]
bizantino (adj)	**bizantino** (adj)	[biθan'tino]

imperador (m)	**emperador** (m)	[empera'ðor]
líder (m)	**jefe** (m)	['xefe]
poderoso (adj)	**poderoso** (adj)	[poðe'roso]
rei (m)	**rey** (m)	[rej]
governante (m)	**gobernador** (m)	[goβerna'ðor]

cavaleiro (m)	**caballero** (m)	[kaβa'jero]
senhor feudal (m)	**señor** (m) **feudal**	[se'njor feu'ðalʲ]
feudal (adj)	**feudal** (adj)	[feu'ðalʲ]
vassalo (m)	**vasallo** (m)	[ba'sajo]

duque (m)	**duque** (m)	['duke]
conde (m)	**conde** (m)	['konde]
barão (m)	**barón** (m)	[ba'ron]
bispo (m)	**obispo** (m)	[o'βispo]

armadura (f)	**armadura** (f)	[arma'ðura]
escudo (m)	**escudo** (m)	[es'kuðo]
espada (f)	**espada** (f)	[es'paða]
viseira (f)	**visera** (f)	[bi'sera]
cota (f) de malha	**cota** (f) **de malla**	['kota de 'maja]

cruzada (f)	**cruzada** (f)	[kru'θaða]
cruzado (m)	**cruzado** (m)	[kru'θaðo]

território (m)	**territorio** (m)	[teri'torio]
atacar (vt)	**atacar** (vt)	[ata'kar]
conquistar (vt)	**conquistar** (vt)	[koŋkis'tar]
ocupar, invadir (vt)	**ocupar** (vt)	[oku'par]

assédio, sítio (m)	**asedio** (m), **sitio** (m)	[a'seðio], ['sitio]
sitiado (adj)	**sitiado** (adj)	[si'tjaðo]
assediar, sitiar (vt)	**asediar, sitiar**	[ase'ðjar], [si'tjar]

inquisição (f)	**inquisición** (f)	[iŋkisi'θjon]
inquisidor (m)	**inquisidor** (m)	[iŋkisi'ðor]
tortura (f)	**tortura** (f)	[tor'tura]
cruel (adj)	**cruel** (adj)	[kru'elʲ]
herege (m)	**hereje** (m)	[e'rexe]
heresia (f)	**herejía** (f)	[ere'xia]

navegação (f) marítima	**navegación** (f) **marítima**	[naβega'θjon ma'ritima]
pirata (m)	**pirata** (m)	[pi'rata]
pirataria (f)	**piratería** (f)	[pirate'ria]

abordagem (f)	**abordaje** (m)	[aβor'ðaχe]
presa (f), butim (m)	**botín** (m)	[bo'tin]
tesouros (m pl)	**tesoros** (m pl)	[te'soros]

descobrimento (m)	**descubrimiento** (m)	[deskuβri'mjento]
descobrir (novas terras)	**descubrir** (vt)	[desku'βrir]
expedição (f)	**expedición** (f)	[ekspeði'θjon]

mosqueteiro (m)	**mosquetero** (m)	[moske'tero]
cardeal (m)	**cardenal** (m)	[karðe'nalʲ]
heráldica (f)	**heráldica** (f)	[e'ralʲdika]
heráldico (adj)	**heráldico** (adj)	[e'ralʲdiko]

117. Líder. Chefe. Autoridades

rei (m)	**rey** (m)	[rej]
rainha (f)	**reina** (f)	['rejna]
real (adj)	**real** (adj)	[re'alʲ]
reino (m)	**reino** (m)	['rejno]

príncipe (m)	**príncipe** (m)	['prinθipe]
princesa (f)	**princesa** (f)	[prin'θesa]

presidente (m)	**presidente** (m)	[presi'ðente]
vice-presidente (m)	**vicepresidente** (m)	['biθe·presi'ðente]
senador (m)	**senador** (m)	[sena'ðor]

monarca (m)	**monarca** (m)	[mo'narka]
governante (m)	**gobernador** (m)	[goβerna'ðor]
ditador (m)	**dictador** (m)	[dikta'ðor]
tirano (m)	**tirano** (m)	[ti'rano]
magnata (m)	**magnate** (m)	[maɣ'nate]

diretor (m)	**director** (m)	[direk'tor]
chefe (m)	**jefe** (m)	['χefe]
gerente (m)	**gerente** (m)	[χe'rente]
patrão (m)	**amo** (m)	['amo]
dono (m)	**dueño** (m)	[du'enjo]

líder (m)	**jefe** (m), **líder** (m)	['χefe], ['liðer]
chefe (m)	**jefe** (m)	['χefe]
autoridades (f pl)	**autoridades** (f pl)	[autori'ðaðes]
superiores (m pl)	**superiores** (m pl)	[supe'rjores]

governador (m)	**gobernador** (m)	[goβerna'ðor]
cônsul (m)	**cónsul** (m)	['konsulʲ]
diplomata (m)	**diplomático** (m)	[diplʲo'matiko]
Presidente (m) da Câmara	**alcalde** (m)	[alʲ'ʲkalʲde]
xerife (m)	**sheriff** (m)	[ʃe'rif]

imperador (m)	**emperador** (m)	[empera'ðor]
czar (m)	**zar** (m)	[θar]
faraó (m)	**faraón** (m)	[fara'on]
cã, khan (m)	**jan** (m), **kan** (m)	[χan]

118. Violação da lei. Criminosos. Parte 1

bandido (m)	bandido (m)	[ban'diðo]
crime (m)	crimen (m)	['krimen]
criminoso (m)	criminal (m)	[krimi'nalʲ]
ladrão (m)	ladrón (m)	[lʲa'ðron]
roubar (vt)	robar (vt)	[ro'βar]
furto, roubo (m)	robo (m)	['roβo]
raptar, sequestrar (vt)	secuestrar (vt)	[sekues'trar]
sequestro (m)	secuestro (m)	[seku'estro]
sequestrador (m)	secuestrador (m)	[sekuestra'ðor]
resgate (m)	rescate (m)	[res'kate]
pedir resgate	exigir un rescate	[eksi'χir un res'kate]
roubar (vt)	robar (vt)	[ro'βar]
assalto, roubo (m)	robo (m)	['roβo]
assaltante (m)	atracador (m)	[atraka'ðor]
extorquir (vt)	extorsionar (vt)	[ekstorsjo'nar]
extorsionário (m)	extorsionista (m)	[ekstorsjo'nista]
extorsão (f)	extorsión (f)	[ekstor'sjon]
matar, assassinar (vt)	matar, asesinar (vt)	[ma'tar], [asesi'nar]
homicídio (m)	asesinato (m)	[asesi'nato]
homicida, assassino (m)	asesino (m)	[ase'sino]
tiro (m)	tiro (m), disparo (m)	['tiro], [dis'paro]
dar um tiro	disparar (vi)	[dispa'rar]
matar a tiro	matar (vt)	[ma'tar]
disparar, atirar (vi)	tirar (vi)	[ti'rar]
tiroteio (m)	tiroteo (m)	[tiro'teo]
incidente (m)	incidente (m)	[inθi'ðente]
briga (~ de rua)	pelea (f)	[pe'lea]
Socorro!	¡Socorro!	[so'koro]
vítima (f)	víctima (f)	['biktima]
danificar (vt)	perjudicar (vt)	[perχuði'kar]
dano (m)	daño (m)	['danjo]
cadáver (m)	cadáver (m)	[ka'ðaβer]
grave (adj)	grave (adj)	['graβe]
atacar (vt)	atacar (vt)	[ata'kar]
bater (espancar)	pegar (vt)	[pe'gar]
espancar (vt)	apporear (vt)	[appore'ar]
tirar, roubar (dinheiro)	quitar (vt)	[ki'tar]
esfaquear (vt)	acuchillar (vt)	[akutʃiʲ'jar]
mutilar (vt)	mutilar (vt)	[muti'lʲar]
ferir (vt)	herir (vt)	[e'rir]
chantagem (f)	chantaje (m)	[tʃan'taχe]
chantagear (vt)	hacer chantaje	[a'θer tʃan'taχe]

chantagista (m)	chantajista (m)	[ʧanta'χista]
extorsão (f)	extorsión (f)	[ekstor'sjon]
extorsionário (m)	extorsionador (m)	[ekstorsjona'ðor]
gângster (m)	gángster (m)	['ganster]
máfia (f)	mafia (f)	['mafia]

punguista (m)	carterista (m)	[karte'rista]
assaltante, ladrão (m)	ladrón (m) de viviendas	[lʲa'ðron de bi'βjendas]
contrabando (m)	contrabandismo (m)	[kontraβan'dismo]
contrabandista (m)	contrabandista (m)	[kontraβan'dista]

falsificação (f)	falsificación (f)	[falʲsifika'θjon]
falsificar (vt)	falsificar (vt)	[falʲsifi'kar]
falsificado (adj)	falso, falsificado	['falʲso], [falʲsifi'kaðo]

119. Violação da lei. Criminosos. Parte 2

estupro (m)	violación (f)	[biolʲa'θjon]
estuprar (vt)	violar (vt)	[bio'lʲar]
estuprador (m)	violador (m)	[biolʲa'ðor]
maníaco (m)	maniaco (m)	[mani'ako]

prostituta (f)	prostituta (f)	[prosti'tuta]
prostituição (f)	prostitución (f)	[prostitu'θjon]
cafetão (m)	chulo (m), proxeneta (m)	['ʧulʲo], [prokse'neta]

| drogado (m) | drogadicto (m) | [droɣ·a'ðikto] |
| traficante (m) | narcotraficante (m) | [narko·trafi'kante] |

explodir (vt)	hacer explotar	[a'θer eksplʲo'tar]
explosão (f)	explosión (f)	[eksplʲo'sjon]
incendiar (vt)	incendiar (vt)	[inθen'djar]
incendiário (m)	incendiario (m)	[inθen'djario]

terrorismo (m)	terrorismo (m)	[tero'rismo]
terrorista (m)	terrorista (m)	[tero'rista]
refém (m)	rehén (m)	[re'en]

enganar (vt)	estafar (vt)	[esta'far]
engano (m)	estafa (f)	[es'tafa]
vigarista (m)	estafador (m)	[estafa'ðor]

subornar (vt)	sobornar (vt)	[soβor'nar]
suborno (atividade)	soborno (m)	[so'βorno]
suborno (dinheiro)	soborno (m)	[so'βorno]

veneno (m)	veneno (m)	[be'neno]
envenenar (vt)	envenenar (vt)	[embene'nar]
envenenar-se (vr)	envenenarse (vr)	[embene'narse]

suicídio (m)	suicidio (m)	[sui'θiðio]
suicida (m)	suicida (m, f)	[sui'θiða]
ameaçar (vt)	amenazar (vt)	[amena'θar]
ameaça (f)	amenaza (f)	[ame'nasa]

atentar contra a vida de ...	**atentar** (vi)	[aten'tar]
atentado (m)	**atentado** (m)	[aten'taðo]

roubar (um carro)	**robar** (vt)	[ro'βar]
sequestrar (um avião)	**secuestrar** (vt)	[sekues'trar]

vingança (f)	**venganza** (f)	[ben'ganθa]
vingar (vt)	**vengar** (vt)	[ben'gar]

torturar (vt)	**torturar** (vt)	[tortu'rar]
tortura (f)	**tortura** (f)	[tor'tura]
atormentar (vt)	**atormentar** (vt)	[atormen'tar]

pirata (m)	**pirata** (m)	[pi'rata]
desordeiro (m)	**gamberro** (m)	[gam'bero]
armado (adj)	**armado** (adj)	[ar'maðo]
violência (f)	**violencia** (f)	[bio'lenθia]
ilegal (adj)	**ilegal** (adj)	[ile'galʲ]

espionagem (f)	**espionaje** (m)	[espjo'naχe]
espionar (vi)	**espiar** (vi, vt)	[espi'jar]

120. Polícia. Lei. Parte 1

justiça (sistema de ~)	**justicia** (f)	[χus'tiθia]
tribunal (m)	**tribunal** (m)	[triβu'nalʲ]

juiz (m)	**juez** (m)	[χu'eθ]
jurados (m pl)	**jurados** (m pl)	[χu'raðos]
tribunal (m) do júri	**tribunal** (m) **de jurados**	[triβu'nalʲ de χu'raðos]
julgar (vt)	**juzgar** (vt)	[χuθ'gar]

advogado (m)	**abogado** (m)	[aβo'gaðo]
réu (m)	**acusado** (m)	[aku'saðo]
banco (m) dos réus	**banquillo** (m) **de los acusados**	[baɲ'kijo de los aku'saðos]

acusação (f)	**inculpación** (f)	[iŋkulʲpa'θjon]
acusado (m)	**inculpado** (m)	[iŋkulʲ'paðo]

sentença (f)	**sentencia** (f)	[sen'tenθia]
sentenciar (vt)	**sentenciar** (vt)	[senten'θjar]

culpado (m)	**culpable** (m)	[kulʲ'paβle]
punir (vt)	**castigar** (vt)	[kasti'gar]
punição (f)	**castigo** (m)	[kas'tigo]

multa (f)	**multa** (f)	['mulʲta]
prisão (f) perpétua	**cadena** (f) **perpetua**	[ka'ðena per'petua]
pena (f) de morte	**pena** (f) **de muerte**	['pena de mu'erte]
cadeira (f) elétrica	**silla** (f) **eléctrica**	['sija e'lektrika]
forca (f)	**horca** (f)	['orka]
executar (vt)	**ejecutar** (vt)	[eχeku'tar]
execução (f)	**ejecución** (f)	[eχeku'θjon]

prisão (f)	prisión (f)	[pri'sjon]
cela (f) de prisão	celda (f)	['θelʲda]
escolta (f)	escolta (f)	[es'kolʲta]
guarda (m) prisional	guardia (m) de prisiones	[gu'arðja de pri'sjones]
preso, prisioneiro (m)	prisionero (m)	[prisjo'nero]
algemas (f pl)	esposas (f pl)	[es'posas]
algemar (vt)	esposar (vt)	[espo'sar]
fuga, evasão (f)	escape (m)	[es'kape]
fugir (vi)	escaparse (vr)	[eska'parse]
desaparecer (vi)	desaparecer (vi)	[desapare'θer]
soltar, libertar (vt)	liberar (vt)	[liβe'rar]
anistia (f)	amnistía (f)	[amnis'tia]
polícia (instituição)	policía (f)	[poli'θia]
polícia (m)	policía (m)	[poli'θia]
delegacia (f) de polícia	comisaría (f) de policía	[komisa'ria de poli'θia]
cassetete (m)	porra (f)	['pora]
megafone (m)	megáfono (m)	[me'ɣafono]
carro (m) de patrulha	coche (m) patrulla	['kotʃe pa'truja]
sirene (f)	sirena (f)	[si'rena]
ligar a sirene	poner la sirena	[po'ner lʲa si'rena]
toque (m) da sirene	sonido (m) de sirena	[so'niðo de si'rena]
cena (f) do crime	escena (f) del delito	[e'θeno delʲ de'lito]
testemunha (f)	testigo (m)	[tes'tigo]
liberdade (f)	libertad (f)	[liβer'tað]
cúmplice (m)	cómplice (m)	['kompliθe]
escapar (vi)	escapar de …	[eska'par de]
traço (não deixar ~s)	rastro (m)	['rastro]

121. Polícia. Lei. Parte 2

procura (f)	búsqueda (f)	['buskeða]
procurar (vt)	buscar (vt)	[bus'kar]
suspeita (f)	sospecha (f)	[sos'petʃa]
suspeito (adj)	sospechoso (adj)	[sospe'tʃoso]
parar (veículo, etc.)	parar (vt)	[pa'rar]
deter (fazer parar)	retener (vt)	[rete'ner]
caso (~ criminal)	causa (f)	['kausa]
investigação (f)	investigación (f)	[imbestiga'θjon]
detetive (m)	detective (m)	[detek'tiβe]
investigador (m)	investigador (m)	[imbestiga'ðor]
versão (f)	versión (f)	[ber'sjon]
motivo (m)	motivo (m)	[mo'tiβo]
interrogatório (m)	interrogatorio (m)	[interoga'torio]
interrogar (vt)	interrogar (vt)	[intero'gar]
questionar (vt)	interrogar (vt)	[intero'gar]
verificação (f)	control (m)	[kon'trolʲ]

batida (f) policial	redada (f)	[re'ðaða]
busca (f)	registro (m)	[re'χistro]
perseguição (f)	persecución (f)	[perseku'θjon]
perseguir (vt)	perseguir (vt)	[perse'gir]
seguir, rastrear (vt)	rastrear (vt)	[rastre'ar]
prisão (f)	arresto (m)	[a'resto]
prender (vt)	arrestar (vt)	[ares'tar]
pegar, capturar (vt)	capturar (vt)	[kaptu'rar]
captura (f)	captura (f)	[kap'tura]
documento (m)	documento (m)	[doku'mento]
prova (f)	prueba (f)	[pru'eβa]
provar (vt)	probar (vt)	[pro'βar]
pegada (f)	huella (f)	[u'eja]
impressões (f pl) digitais	huellas (f pl) digitales	[u'ejas diχi'tales]
prova (f)	elemento (m) de prueba	[ele'mento de pru'eβa]
álibi (m)	coartada (f)	[koar'taða]
inocente (adj)	inocente (adj)	[ino'θente]
injustiça (f)	injusticia (f)	[inχus'tiθia]
injusto (adj)	injusto (adj)	[in'χusto]
criminal (adj)	criminal (adj)	[krimi'nalʲ]
confiscar (vt)	confiscar (vt)	[komfis'kar]
droga (f)	narcótico (m)	[nar'kotiko]
arma (f)	arma (f)	['arma]
desarmar (vt)	desarmar (vt)	[desar'mar]
ordenar (vt)	ordenar (vt)	[orðe'nar]
desaparecer (vi)	desaparecer (vi)	[desapare'θer]
lei (f)	ley (f)	[lej]
legal (adj)	legal (adj)	[le'galʲ]
ilegal (adj)	ilegal (adj)	[ile'galʲ]
responsabilidade (f)	responsabilidad (f)	[responsaβili'ðað]
responsável (adj)	responsable (adj)	[respon'saβle]

NATUREZA

A Terra. Parte 1

122. Espaço sideral

espaço, cosmo (m)	**cosmos** (m)	['kosmos]
espacial, cósmico (adj)	**espacial, cósmico** (adj)	[espa'θjalʲ], ['kosmiko]
espaço (m) cósmico	**espacio** (m) **cósmico**	[es'paθjo 'kosmiko]
mundo (m)	**mundo** (m)	['mundo]
universo (m)	**universo** (m)	[uni'βerso]
galáxia (f)	**galaxia** (f)	[ga'lʲaksia]
estrela (f)	**estrella** (f)	[es'treja]
constelação (f)	**constelación** (f)	[konstelʲa'θjon]
planeta (m)	**planeta** (m)	[plʲa'neta]
satélite (m)	**satélite** (m)	[sa'telite]
meteorito (m)	**meteorito** (m)	[meteo'rito]
cometa (m)	**cometa** (m)	[ko'meta]
asteroide (m)	**asteroide** (m)	[aste'roiðe]
órbita (f)	**órbita** (f)	['orβita]
girar (vi)	**girar** (vi)	[χi'rar]
atmosfera (f)	**atmósfera** (f)	[að'mosfera]
Sol (m)	**Sol** (m)	[solʲ]
Sistema (m) Solar	**sistema** (m) **solar**	[sis'tema so'lʲar]
eclipse (m) solar	**eclipse** (m) **de Sol**	[e'klipse de solʲ]
Terra (f)	**Tierra** (f)	['tjera]
Lua (f)	**Luna** (f)	['lʲuna]
Marte (m)	**Marte** (m)	['marte]
Vênus (f)	**Venus** (f)	['benus]
Júpiter (m)	**Júpiter** (m)	['χupiter]
Saturno (m)	**Saturno** (m)	[sa'turno]
Mercúrio (m)	**Mercurio** (m)	[mer'kurio]
Urano (m)	**Urano** (m)	[u'rano]
Netuno (m)	**Neptuno** (m)	[nep'tuno]
Plutão (m)	**Plutón** (m)	[plʲu'ton]
Via Láctea (f)	**la Vía Láctea**	[lʲa 'bia 'lʲaktea]
Ursa Maior (f)	**la Osa Mayor**	[lʲa 'osa ma'jor]
Estrela Polar (f)	**la Estrella Polar**	[lʲa es'treja po'lʲar]
marciano (m)	**marciano** (m)	[mar'θjano]
extraterrestre (m)	**extraterrestre** (m)	[ekstrate'restre]

alienígena (m)	planetícola (m)	[plʲane'tikolʲa]
disco (m) voador	platillo (m) volante	[plʲa'tijo bo'lʲante]
espaçonave (f)	nave (f) espacial	['naβe espa'θjalʲ]
estação (f) orbital	estación (f) orbital	[esta'θjon orβi'talʲ]
lançamento (m)	despegue (m)	[des'pege]
motor (m)	motor (m)	[mo'tor]
bocal (m)	tobera (f)	[to'βera]
combustível (m)	combustible (m)	[kombus'tiβle]
cabine (f)	carlinga (f)	[kar'linga]
antena (f)	antena (f)	[an'tena]
vigia (f)	ventana (f)	[ben'tana]
bateria (f) solar	batería (f) solar	[bate'ria so'lʲar]
traje (m) espacial	escafandra (f)	[eska'fandra]
imponderabilidade (f)	ingravidez (f)	[ingraβi'ðeθ]
oxigênio (m)	oxígeno (m)	[o'ksiχeno]
acoplagem (f)	atraque (m)	[a'trake]
fazer uma acoplagem	realizar el atraque	[reali'θar elʲ a'trake]
observatório (m)	observatorio (m)	[oβserβa'torio]
telescópio (m)	telescopio (m)	[teles'kopio]
observar (vt)	observar (vt)	[oβser'βar]
explorar (vt)	explorar (vt)	[eksplʲo'rar]

123. A Terra

Terra (f)	Tierra (f)	['tjera]
globo terrestre (Terra)	globo (m) terrestre	['glʲoβo te'restre]
planeta (m)	planeta (m)	[plʲa'neta]
atmosfera (f)	atmósfera (f)	[að'mosfera]
geografia (f)	geografía (f)	[χeoɣra'fia]
natureza (f)	naturaleza (f)	[natura'leθa]
globo (mapa esférico)	globo (m) terráqueo	['glʲoβo te'rakeo]
mapa (m)	mapa (m)	['mapa]
atlas (m)	atlas (m)	['atlʲas]
Europa (f)	Europa (f)	[eu'ropa]
Ásia (f)	Asia (f)	['asia]
África (f)	África (f)	['afrika]
Austrália (f)	Australia (f)	[aus'tralia]
América (f)	América (f)	[a'merika]
América (f) do Norte	América (f) del Norte	[a'merika delʲ 'norte]
América (f) do Sul	América (f) del Sur	[a'merika delʲ 'sur]
Antártida (f)	Antártida (f)	[an'tartiða]
Ártico (m)	Ártico (m)	['artiko]

124. Pontos cardeais

norte (m)	**norte** (m)	['norte]
para norte	**al norte**	[alʲ 'norte]
no norte	**en el norte**	[en elʲ 'norte]
do norte (adj)	**del norte** (adj)	[delʲ 'norte]
sul (m)	**sur** (m)	[sur]
para sul	**al sur**	[alʲ sur]
no sul	**en el sur**	[en elʲ sur]
do sul (adj)	**del sur** (adj)	[delʲ sur]
oeste, ocidente (m)	**oeste** (m)	[o'este]
para oeste	**al oeste**	[alʲ o'este]
no oeste	**en el oeste**	[en elʲ o'este]
ocidental (adj)	**del oeste** (adj)	[delʲ o'este]
leste, oriente (m)	**este** (m)	['este]
para leste	**al este**	[alʲ 'este]
no leste	**en el este**	[en elʲ 'este]
oriental (adj)	**del este** (adj)	[delʲ 'este]

125. Mar. Oceano

mar (m)	**mar** (m)	[mar]
oceano (m)	**océano** (m)	[o'θeano]
golfo (m)	**golfo** (m)	['golʲfo]
estreito (m)	**estrecho** (m)	[es'tretʃo]
terra (f) firme	**tierra** (f) **firme**	['tjera 'firme]
continente (m)	**continente** (m)	[konti'nente]
ilha (f)	**isla** (f)	['islʲa]
península (f)	**península** (f)	[pe'ninsulʲa]
arquipélago (m)	**archipiélago** (m)	[artʃipi'elʲago]
baía (f)	**bahía** (f)	[ba'ia]
porto (m)	**ensenada, bahía** (f)	[ba'ia]
lagoa (f)	**laguna** (f)	[lʲa'guna]
cabo (m)	**cabo** (m)	['kaβo]
atol (m)	**atolón** (m)	[ato'lʲon]
recife (m)	**arrecife** (m)	[are'θife]
coral (m)	**coral** (m)	[ko'ralʲ]
recife (m) de coral	**arrecife** (m) **de coral**	[are'θife de ko'ralʲ]
profundo (adj)	**profundo** (adj)	[pro'fundo]
profundidade (f)	**profundidad** (f)	[profundi'ðað]
abismo (m)	**abismo** (m)	[a'βismo]
fossa (f) oceânica	**fosa** (f) **oceánica**	['fosa oθe'anika]
corrente (f)	**corriente** (f)	[ko'rjente]
banhar (vt)	**bañar** (vt)	[ba'njar]
litoral (m)	**orilla** (f)	[o'rija]

costa (f)	costa (f)	['kosta]
maré (f) alta	flujo (m)	['flʲuχo]
refluxo (m)	reflujo (m)	[re'flʲuχo]
restinga (f)	banco (m) de arena	['baŋko de a'rena]
fundo (m)	fondo (m)	['fondo]

onda (f)	ola (f)	['olʲa]
crista (f) da onda	cresta (f) de la ola	['kresta de lʲa 'olʲa]
espuma (f)	espuma (f)	[es'puma]

tempestade (f)	tempestad (f)	[tempes'tað]
furacão (m)	huracán (m)	[ura'kan]
tsunami (m)	tsunami (m)	[tsu'nami]
calmaria (f)	bonanza (f)	[bo'nanθa]
calmo (adj)	calmo, tranquilo (adj)	['kalʲmo], [traŋ'kilʲo]

| polo (m) | polo (m) | ['polʲo] |
| polar (adj) | polar (adj) | [po'lʲar] |

latitude (f)	latitud (f)	[lʲati'tuð]
longitude (f)	longitud (f)	[lʲonχi'tuð]
paralela (f)	paralelo (m)	[para'lelʲo]
equador (m)	ecuador (m)	[ekua'ðor]

céu (m)	cielo (m)	['θjelʲo]
horizonte (m)	horizonte (m)	[ori'θonte]
ar (m)	aire (m)	['aire]

farol (m)	faro (m)	['faro]
mergulhar (vi)	bucear (vi)	[buθe'ar]
afundar-se (vr)	hundirse (vr)	[un'dirse]
tesouros (m pl)	tesoros (m pl)	[te'soros]

126. Nomes de Mares e Oceanos

Oceano (m) Atlântico	océano (m) Atlántico	[o'θeano at'lʲantiko]
Oceano (m) Índico	océano (m) Índico	[o'θeano 'indiko]
Oceano (m) Pacífico	océano (m) Pacífico	[o'θeano pa'sifiko]
Oceano (m) Ártico	océano (m) Glacial Ártico	[o'θeano glʲa'θjalʲ 'artiko]

Mar (m) Negro	mar (m) Negro	[mar 'neɣro]
Mar (m) Vermelho	mar (m) Rojo	[mar 'roχo]
Mar (m) Amarelo	mar (m) Amarillo	[mar ama'rijo]
Mar (m) Branco	mar (m) Blanco	[mar 'blʲaŋko]

Mar (m) Cáspio	mar (m) Caspio	[mar 'kaspio]
Mar (m) Morto	mar (m) Muerto	[mar mu'erto]
Mar (m) Mediterrâneo	mar (m) Mediterráneo	[mar meðite'raneo]

| Mar (m) Egeu | mar (m) Egeo | [mar e'χeo] |
| Mar (m) Adriático | mar (m) Adriático | [mar aðri'atiko] |

| Mar (m) Arábico | mar (m) Arábigo | [mar a'raβigo] |
| Mar (m) do Japão | mar (m) del Japón | [mar delʲ χa'pon] |

Mar (m) de Bering	**mar** (m) **de Bering**	[mar de 'beriŋ]
Mar (m) da China Meridional	**mar** (m) **de la China Meridional**	[mar de lʲa 'ʃina meriðjo'nalʲ]
Mar (m) de Coral	**mar** (m) **del Coral**	[mar delʲ ko'ralʲ]
Mar (m) de Tasman	**mar** (m) **de Tasmania**	[mar de tas'mania]
Mar (m) do Caribe	**mar** (m) **Caribe**	[mar kari'βe]
Mar (m) de Barents	**mar** (m) **de Barents**	[mar de ba'rents]
Mar (m) de Kara	**mar** (m) **de Kara**	[mar de 'kara]
Mar (m) do Norte	**mar** (m) **del Norte**	['mar delʲ 'norte]
Mar (m) Báltico	**mar** (m) **Báltico**	[mar 'baltiko]
Mar (m) da Noruega	**mar** (m) **de Noruega**	[mar de noru'ega]

127. Montanhas

montanha (f)	**montaña** (f)	[mon'tanja]
cordilheira (f)	**cadena** (f) **de montañas**	[ka'ðena de mon'tanjas]
serra (f)	**cresta** (f) **de montañas**	['kresta de mon'tanjas]
cume (m)	**cima** (f)	['θima]
pico (m)	**pico** (m)	['piko]
pé (m)	**pie** (m)	[pje]
declive (m)	**cuesta** (f)	[ku'esta]
vulcão (m)	**volcán** (m)	[bolʲ'kan]
vulcão (m) ativo	**volcán** (m) **activo**	[bolʲ'kan ak'tiβo]
vulcão (m) extinto	**volcán** (m) **apagado**	[bolʲ'kan apa'gaðo]
erupção (f)	**erupción** (f)	[erup'θjon]
cratera (f)	**cráter** (m)	['krater]
magma (m)	**magma** (m)	['maɣma]
lava (f)	**lava** (f)	['lʲaβa]
fundido (lava ~a)	**fundido** (adj)	[fun'diðo]
cânion, desfiladeiro (m)	**cañón** (m)	[ka'njon]
garganta (f)	**desfiladero** (m)	[desfilʲa'ðero]
fenda (f)	**grieta** (f)	[gri'eta]
precipício (m)	**precipicio** (m)	[preθi'piθio]
passo, colo (m)	**puerto** (m)	[pu'erto]
planalto (m)	**meseta** (f)	[me'seta]
falésia (f)	**roca** (f)	['roka]
colina (f)	**colina** (f)	[ko'lina]
geleira (f)	**glaciar** (m)	[glʲa'θjar]
cachoeira (f)	**cascada** (f)	[kas'kaða]
gêiser (m)	**geiser** (m)	['χejser]
lago (m)	**lago** (m)	['lʲago]
planície (f)	**llanura** (f)	[ja'nura]
paisagem (f)	**paisaje** (m)	[paj'saχe]
eco (m)	**eco** (m)	['eko]

alpinista (m)	alpinista (m)	[alʲpi'nista]
escalador (m)	escalador (m)	[eskalʲa'ðor]
conquistar (vt)	conquistar (vt)	[koŋkis'tar]
subida, escalada (f)	ascensión (f)	[aθen'sjon]

128. Nomes de montanhas

Alpes (m pl)	Alpes (m pl)	['alʲpes]
Monte Branco (m)	Montblanc (m)	[mon'blʲank]
Pirineus (m pl)	Pirineos (m pl)	[piri'neos]
Cárpatos (m pl)	Cárpatos (m pl)	['karpatos]
Urais (m pl)	Urales (m pl)	[u'rales]
Cáucaso (m)	Cáucaso (m)	['kaukaso]
Elbrus (m)	Elbrus (m)	['elʲβrus]
Altai (m)	Altai (m)	[alʲ'taj]
Tian Shan (m)	Tian-Shan (m)	['tjan 'ʃan]
Pamir (m)	Pamir (m)	[pa'mir]
Himalaia (m)	Himalayos (m pl)	[ima'lʲajos]
monte Everest (m)	Everest (m)	[eβe'rest]
Cordilheira (f) dos Andes	Andes (m pl)	['andes]
Kilimanjaro (m)	Kilimanjaro (m)	[kiliman'χaro]

129. Rios

rio (m)	río (m)	['rio]
fonte, nascente (f)	manantial (m)	[manan'tjalʲ]
leito (m) de rio	lecho (m)	['letʃo]
bacia (f)	cuenca (f) fluvial	[ku'eŋka flʲu'βjalʲ]
desaguar no …	desembocar en …	[desembo'kar en]
afluente (m)	afluente (m)	[aflʲu'ente]
margem (do rio)	orilla (f), ribera (f)	[o'rija], [ri'βera]
corrente (f)	corriente (f)	[ko'rjente]
rio abaixo	río abajo (adv)	['rio a'βaχo]
rio acima	río arriba (adv)	['rio a'riβa]
inundação (f)	inundación (f)	[inunda'θjon]
cheia (f)	riada (f)	['rjaða]
transbordar (vi)	desbordarse (vr)	[desβor'ðarse]
inundar (vt)	inundar (vt)	[inun'dar]
banco (m) de areia	bajo (m) arenoso	['baχo are'noso]
corredeira (f)	rápido (m)	['rapiðo]
barragem (f)	presa (f)	['presa]
canal (m)	canal (m)	[ka'nalʲ]
reservatório (m) de água	lago (m) artificiale	['lʲago artifi'θjale]
eclusa (f)	esclusa (f)	[es'klʲusa]

corpo (m) de água	**cuerpo (m) de agua**	[ku'erpo de 'agua]
pântano (m)	**pantano (m)**	[pan'tano]
lamaçal (m)	**ciénaga (f)**	['θjenaga]
redemoinho (m)	**remolino (m)**	[remo'lino]
riacho (m)	**arroyo (m)**	[a'rojo]
potável (adj)	**potable (adj)**	[po'taβle]
doce (água)	**dulce (adj)**	['dulʲθe]
gelo (m)	**hielo (m)**	['jelʲo]
congelar-se (vr)	**helarse (vr)**	[e'lʲarse]

130. Nomes de rios

rio Sena (m)	**Sena (m)**	['sena]
rio Loire (m)	**Loira (m)**	['lʲojra]
rio Tâmisa (m)	**Támesis (m)**	['tamesis]
rio Reno (m)	**Rin (m)**	[rin]
rio Danúbio (m)	**Danubio (m)**	[da'nuβio]
rio Volga (m)	**Volga (m)**	['bolʲga]
rio Don (m)	**Don (m)**	[don]
rio Lena (m)	**Lena (m)**	['lena]
rio Amarelo (m)	**Río (m) Amarillo**	['rio ama'rijo]
rio Yangtzé (m)	**Río (m) Azul**	['rio a'θulʲ]
rio Mekong (m)	**Mekong (m)**	[me'kong]
rio Ganges (m)	**Ganges (m)**	['ganges]
rio Nilo (m)	**Nilo (m)**	['nilʲo]
rio Congo (m)	**Congo (m)**	['kongo]
rio Cubango (m)	**Okavango (m)**	[oka'βango]
rio Zambeze (m)	**Zambeze (m)**	[sam'beθe]
rio Limpopo (m)	**Limpopo (m)**	[limpo'po]
rio Mississippi (m)	**Misisipi (m)**	[misi'sipi]

131. Floresta

floresta (f), bosque (m)	**bosque (m)**	['boske]
florestal (adj)	**de bosque (adj)**	[de 'boske]
mata (f) fechada	**espesura (f)**	[espe'sura]
arvoredo (m)	**bosquecillo (m)**	[bokse'θijo]
clareira (f)	**claro (m)**	['klʲaro]
matagal (m)	**maleza (f)**	[ma'leθa]
mato (m), caatinga (f)	**matorral (m)**	[mato'ralʲ]
pequena trilha (f)	**senda (f)**	['senda]
ravina (f)	**barranco (m)**	[ba'raŋko]
árvore (f)	**árbol (m)**	['arβolʲ]

folha (f)	hoja (f)	['oχa]
folhagem (f)	follaje (m)	[fo'jaχe]
queda (f) das folhas	caída (f) de hojas	[ka'iða de 'oχas]
cair (vi)	caer (vi)	[ka'er]
topo (m)	cima (f)	['θima]
ramo (m)	rama (f)	['rama]
galho (m)	rama (f)	['rama]
botão (m)	brote (m)	['brote]
agulha (f)	aguja (f)	[a'guχa]
pinha (f)	piña (f)	['pinja]
buraco (m) de árvore	agujero (m)	[agu'χero]
ninho (m)	nido (m)	['niðo]
tronco (m)	tronco (m)	['troŋko]
raiz (f)	raíz (f)	[ra'iθ]
casca (f) de árvore	corteza (f)	[kor'teθa]
musgo (m)	musgo (m)	['musgo]
arrancar pela raiz	extirpar (vt)	[estir'par]
cortar (vt)	talar (vt)	[ta'lʲar]
desflorestar (vt)	deforestar (vt)	[defores'tar]
toco, cepo (m)	tocón (m)	[to'kon]
fogueira (f)	hoguera (f)	[o'gera]
incêndio (m) florestal	incendio (m) forestal	[in'θendjo fores'talʲ]
apagar (vt)	apagar (vt)	[apa'gar]
guarda-parque (m)	guarda (m) forestal	[gu'arða fores'talʲ]
proteção (f)	protección (f)	[protek'θjon]
proteger (a natureza)	proteger (vt)	[prote'χer]
caçador (m) furtivo	cazador (m) furtivo	[kaθa'ðor fur'tiβo]
armadilha (f)	cepo (m)	['θepo]
colher (cogumelos, bagas)	recoger (vt)	[reko'χer]
perder-se (vr)	perderse (vr)	[per'ðerse]

132. Recursos naturais

recursos (m pl) naturais	recursos (m pl) naturales	[re'kursos natu'rales]
minerais (m pl)	recursos (m pl) subterráneos	[re'kursos suβte'raneos]
depósitos (m pl)	depósitos (m pl)	[de'positos]
jazida (f)	yacimiento (m)	[jaθi'mjento]
extrair (vt)	extraer (vt)	[ekstra'er]
extração (f)	extracción (f)	[ekstrak'θjon]
minério (m)	mena (f)	['mena]
mina (f)	mina (f)	['mina]
poço (m) de mina	pozo (m) de mina	['poθo de 'mina]
mineiro (m)	minero (m)	[mi'nero]
gás (m)	gas (m)	[gas]
gasoduto (m)	gasoducto (m)	[gaso'ðukto]

petróleo (m)	**petróleo** (m)	[pe'troleo]
oleoduto (m)	**oleoducto** (m)	[oleo'ðukto]
poço (m) de petróleo	**pozo** (m) **de petróleo**	['poθo de pe'troleo]
torre (f) petrolífera	**torre** (f) **de sondeo**	['tore de son'deo]
petroleiro (m)	**petrolero** (m)	[petro'lero]
areia (f)	**arena** (f)	[a'rena]
calcário (m)	**caliza** (f)	[ka'liθa]
cascalho (m)	**grava** (f)	['graβa]
turfa (f)	**turba** (f)	['turβa]
argila (f)	**arcilla** (f)	[ar'θija]
carvão (m)	**carbón** (m)	[kar'βon]
ferro (m)	**hierro** (m)	['jero]
ouro (m)	**oro** (m)	['oro]
prata (f)	**plata** (f)	['plʲata]
níquel (m)	**níquel** (m)	['nikelʲ]
cobre (m)	**cobre** (m)	['koβre]
zinco (m)	**zinc** (m)	[θiŋk]
manganês (m)	**manganeso** (m)	[manga'neso]
mercúrio (m)	**mercurio** (m)	[mer'kurio]
chumbo (m)	**plomo** (m)	['plʲomo]
mineral (m)	**mineral** (m)	[mine'ralʲ]
cristal (m)	**cristal** (m)	[kris'talʲ]
mármore (m)	**mármol** (m)	['marmolʲ]
urânio (m)	**uranio** (m)	[u'ranio]

A Terra. Parte 2

133. Tempo

tempo (m)	**tiempo** (m)	['tjempo]
previsão (f) do tempo	**previsión** (f) **del tiempo**	[preβi'sjon delʲ 'tjempo]
temperatura (f)	**temperatura** (f)	[tempera'tura]
termômetro (m)	**termómetro** (m)	[ter'mometro]
barômetro (m)	**barómetro** (m)	[ba'rometro]
úmido (adj)	**húmedo** (adj)	['umeðo]
umidade (f)	**humedad** (f)	[ume'ðað]
calor (m)	**bochorno** (m)	[bo'tʃorno]
tórrido (adj)	**tórrido** (adj)	['toriðo]
está muito calor	**hace mucho calor**	['aθe 'mutʃo ka'lʲor]
está calor	**hace calor**	['aθe ka'lʲor]
quente (morno)	**templado** (adj)	[tem'plʲaðo]
está frio	**hace frío**	['aθe 'frio]
frio (adj)	**frío** (adj)	['frio]
sol (m)	**sol** (m)	[solʲ]
brilhar (vi)	**brillar** (vi)	[bri'jar]
de sol, ensolarado	**soleado** (adj)	[sole'aðo]
nascer (vi)	**elevarse** (vr)	[ele'βarse]
pôr-se (vr)	**ponerse** (vr)	[po'nerse]
nuvem (f)	**nube** (f)	['nuβe]
nublado (adj)	**nuboso** (adj)	[nu'βoso]
nuvem (f) preta	**nubarrón** (m)	[nuβa'ron]
escuro, cinzento (adj)	**nublado** (adj)	[nu'βlʲaðo]
chuva (f)	**lluvia** (f)	['juβia]
está a chover	**está lloviendo**	[es'ta jo'βjendo]
chuvoso (adj)	**lluvioso** (adj)	[juβi'oso]
chuviscar (vi)	**lloviznar** (vi)	[joβiθ'nar]
chuva (f) torrencial	**aguacero** (m)	[agua'θero]
aguaceiro (m)	**chaparrón** (m)	[tʃapa'ron]
forte (chuva, etc.)	**fuerte** (adj)	[fu'erte]
poça (f)	**charco** (m)	['tʃarko]
molhar-se (vr)	**mojarse** (vr)	[mo'xarse]
nevoeiro (m)	**niebla** (f)	['njeβlʲa]
de nevoeiro	**nebuloso** (adj)	[neβu'lʲoso]
neve (f)	**nieve** (f)	['njeβe]
está nevando	**está nevando**	[es'ta ne'βando]

134. Tempo extremo. Catástrofes naturais

trovoada (f)	tormenta (f)	[tor'menta]
relâmpago (m)	relámpago (m)	[re'lʲampago]
relampejar (vi)	relampaguear (vi)	[relʲampage'ar]
trovão (m)	trueno (m)	[tru'eno]
trovejar (vi)	tronar (vi)	[tro'nar]
está trovejando	está tronando	[es'ta tro'nando]
granizo (m)	granizo (m)	[gra'niθo]
está caindo granizo	está granizando	[es'ta grani'θando]
inundar (vt)	inundar (vt)	[inun'dar]
inundação (f)	inundación (f)	[inunda'θjon]
terremoto (m)	terremoto (m)	[tere'moto]
abalo, tremor (m)	sacudida (f)	[saku'ðiða]
epicentro (m)	epicentro (m)	[epi'θentro]
erupção (f)	erupción (f)	[erup'θjon]
lava (f)	lava (f)	['lʲaβa]
tornado (m)	torbellino (m)	[torβe'jino]
tornado (m)	tornado (m)	[tor'naðo]
tufão (m)	tifón (m)	[ti'fon]
furacão (m)	huracán (m)	[ura'kan]
tempestade (f)	tempestad (f)	[tempes'tað]
tsunami (m)	tsunami (m)	[tsu'nami]
ciclone (m)	ciclón (m)	[θik'lʲon]
mau tempo (m)	mal tiempo (m)	[malʲ 'tjempo]
incêndio (m)	incendio (m)	[in'θendio]
catástrofe (f)	catástrofe (f)	[ka'tastrofe]
meteorito (m)	meteorito (m)	[meteo'rito]
avalanche (f)	avalancha (f)	[aβa'lʲantʃa]
deslizamento (m) de neve	alud (m) de nieve	[alʲuð de 'njeβe]
nevasca (f)	ventisca (f)	[ben'tiska]
tempestade (f) de neve	nevasca (f)	[ne'βaska]

Fauna

135. Mamíferos. Predadores

predador (m)	**carnívoro** (m)	[kar'niβoro]
tigre (m)	**tigre** (m)	['tiɣre]
leão (m)	**león** (m)	[le'on]
lobo (m)	**lobo** (m)	['lʲoβo]
raposa (f)	**zorro** (m)	['θoro]
jaguar (m)	**jaguar** (m)	[χagu'ar]
leopardo (m)	**leopardo** (m)	[leo'parðo]
chita (f)	**guepardo** (m)	[ge'parðo]
pantera (f)	**pantera** (f)	[pan'tera]
puma (m)	**puma** (f)	['puma]
leopardo-das-neves (m)	**leopardo** (m) **de las nieves**	[leo'parðo de lʲas 'njeβes]
lince (m)	**lince** (m)	['linθe]
coiote (m)	**coyote** (m)	[ko'jote]
chacal (m)	**chacal** (m)	[ʧa'kalʲ]
hiena (f)	**hiena** (f)	['jena]

136. Animais selvagens

animal (m)	**animal** (m)	[ani'malʲ]
besta (f)	**bestia** (f)	['bestia]
esquilo (m)	**ardilla** (f)	[ar'ðija]
ouriço (m)	**erizo** (m)	[e'riθo]
lebre (f)	**liebre** (f)	['lʲeβre]
coelho (m)	**conejo** (m)	[ko'neχo]
texugo (m)	**tejón** (m)	[te'χon]
guaxinim (m)	**mapache** (m)	[ma'paʧe]
hamster (m)	**hámster** (m)	['χamster]
marmota (f)	**marmota** (f)	[mar'mota]
toupeira (f)	**topo** (m)	['topo]
rato (m)	**ratón** (m)	[ra'ton]
ratazana (f)	**rata** (f)	['rata]
morcego (m)	**murciélago** (m)	[mur'θjelʲago]
arminho (m)	**armiño** (m)	[ar'minjo]
zibelina (f)	**cebellina** (f)	[θeβe'jina]
marta (f)	**marta** (f)	['marta]
doninha (f)	**comadreja** (f)	[koma'ðreχa]
visom (m)	**visón** (m)	[bi'son]

castor (m)	castor (m)	[kas'tor]
lontra (f)	nutria (f)	['nutria]
cavalo (m)	caballo (m)	[ka'βajo]
alce (m)	alce (m)	['alʲθe]
veado (m)	ciervo (m)	['θjerβo]
camelo (m)	camello (m)	[ka'mejo]
bisão (m)	bisonte (m)	[bi'sonte]
auroque (m)	uro (m)	['uro]
búfalo (m)	búfalo (m)	['bufalʲo]
zebra (f)	cebra (f)	['θeβra]
antílope (m)	antílope (m)	[an'tilʲope]
corça (f)	corzo (m)	['korθo]
gamo (m)	gamo (m)	['gamo]
camurça (f)	gamuza (f)	[ga'muθa]
javali (m)	jabalí (m)	[χaβa'li]
baleia (f)	ballena (f)	[ba'jena]
foca (f)	foca (f)	['foka]
morsa (f)	morsa (f)	['morsa]
urso-marinho (m)	oso (m) marino	['oso ma'rino]
golfinho (m)	delfín (m)	[delʲ'fin]
urso (m)	oso (m)	['oso]
urso (m) polar	oso (m) blanco	['oso 'blʲaŋko]
panda (m)	panda (f)	['panda]
macaco (m)	mono (m)	['mono]
chimpanzé (m)	chimpancé (m)	[tʃimpan'se]
orangotango (m)	orangután (m)	[orangu'tan]
gorila (m)	gorila (m)	[go'rilʲa]
macaco (m)	macaco (m)	[ma'kako]
gibão (m)	gibón (m)	[χi'βon]
elefante (m)	elefante (m)	[ele'fante]
rinoceronte (m)	rinoceronte (m)	[rinoθe'ronte]
girafa (f)	jirafa (f)	[χi'rafa]
hipopótamo (m)	hipopótamo (m)	[ipo'potamo]
canguru (m)	canguro (m)	[kan'guro]
coala (m)	koala (f)	[ko'alʲa]
mangusto (m)	mangosta (f)	[man'gosta]
chinchila (f)	chinchilla (f)	[tʃin'tʃija]
cangambá (f)	mofeta (f)	[mo'feta]
porco-espinho (m)	espín (m)	[es'pin]

137. Animais domésticos

gata (f)	gata (f)	['gata]
gato (m) macho	gato (m)	['gato]
cão (m)	perro (m)	['pero]

cavalo (m)	caballo (m)	[ka'βajo]
garanhão (m)	garañón (m)	[gara'njon]
égua (f)	yegua (f)	['jegua]

vaca (f)	vaca (f)	['baka]
touro (m)	toro (m)	['toro]
boi (m)	buey (m)	[bu'ej]

ovelha (f)	oveja (f)	[o'βeχa]
carneiro (m)	carnero (m)	[kar'nero]
cabra (f)	cabra (f)	['kaβra]
bode (m)	cabrón (m)	[ka'βron]

burro (m)	asno (m)	['asno]
mula (f)	mulo (m)	['mulʲo]

porco (m)	cerdo (m)	['θerðo]
leitão (m)	cerdito (m)	[θer'ðito]
coelho (m)	conejo (m)	[ko'neχo]

galinha (f)	gallina (f)	[ga'jina]
galo (m)	gallo (m)	['gajo]

pata (f), pato (m)	pato (m)	['pato]
pato (m)	ánade (m)	['anaðe]
ganso (m)	ganso (m)	['ganso]

peru (m)	pavo (m)	['paβo]
perua (f)	pava (f)	['paβa]

animais (m pl) domésticos	animales (m pl) domésticos	[ani'males do'mestikos]
domesticado (adj)	domesticado (adj)	[domesti'kaðo]
domesticar (vt)	domesticar (vt)	[domesti'kar]
criar (vt)	criar (vt)	[kri'ar]

fazenda (f)	granja (f)	['granχa]
aves (f pl) domésticas	aves (f pl) de corral	['aβes de ko'ralʲ]
gado (m)	ganado (m)	[ga'njaðo]
rebanho (m), manada (f)	rebaño (m)	[re'βanjo]

estábulo (m)	caballeriza (f)	[kaβaje'riθa]
chiqueiro (m)	porqueriza (f)	[porke'riθa]
estábulo (m)	vaquería (f)	[bake'ria]
coelheira (f)	conejal (m)	[kone'χalʲ]
galinheiro (m)	gallinero (m)	[gaji'nero]

138. Pássaros

pássaro (m), ave (f)	pájaro (m)	['paχaro]
pombo (m)	paloma (f)	[pa'lʲoma]
pardal (m)	gorrión (m)	[gori'jon]
chapim-real (m)	carbonero (m)	[karβo'nero]
pega-rabuda (f)	urraca (f)	[u'raka]
corvo (m)	cuervo (m)	[ku'erβo]

gralha-cinzenta (f)	corneja (f)	[kor'neχa]
gralha-de-nuca-cinzenta (f)	chova (f)	['tʃoβa]
gralha-calva (f)	grajo (m)	['graχo]
pato (m)	pato (m)	['pato]
ganso (m)	ganso (m)	['ganso]
faisão (m)	faisán (m)	[faj'san]
águia (f)	águila (f)	['agilʲa]
açor (m)	azor (m)	[a'θor]
falcão (m)	halcón (m)	[alʲ'kon]
abutre (m)	buitre (m)	[bu'itre]
condor (m)	cóndor (m)	['kondor]
cisne (m)	cisne (m)	['θisne]
grou (m)	grulla (f)	['gruja]
cegonha (f)	cigüeña (f)	[θiɣu'enja]
papagaio (m)	loro (m), papagayo (m)	['lʲoro], [papa'gajo]
beija-flor (m)	colibrí (m)	[koli'βri]
pavão (m)	pavo (m) real	['paβo re'alʲ]
avestruz (m)	avestruz (m)	[aβes'truθ]
garça (f)	garza (f)	['garθa]
flamingo (m)	flamenco (m)	[flʲa'meŋko]
pelicano (m)	pelícano (m)	[pe'likano]
rouxinol (m)	ruiseñor (m)	[ruise'njor]
andorinha (f)	golondrina (f)	[golʲon'drina]
tordo-zornal (m)	tordo (m)	['torðo]
tordo-músico (m)	zorzal (m)	[θor'θalʲ]
melro-preto (m)	mirlo (m)	['mirlʲo]
andorinhão (m)	vencejo (m)	[ben'θeχo]
cotovia (f)	alondra (f)	[a'lʲondra]
codorna (f)	codorniz (f)	[koðor'niθ]
pica-pau (m)	pájaro carpintero (m)	['paχaro karpin'tero]
cuco (m)	cuco (m)	['kuko]
coruja (f)	lechuza (f)	[le'tʃuθa]
bufo-real (m)	búho (m)	['buo]
tetraz-grande (m)	urogallo (m)	[uro'gajo]
tetraz-lira (m)	gallo lira (m)	['gajo 'lira]
perdiz-cinzenta (f)	perdiz (f)	[per'ðiθ]
estorninho (m)	estornino (m)	[estor'nino]
canário (m)	canario (m)	[ka'nario]
galinha-do-mato (f)	ortega (f)	[or'tega]
tentilhão (m)	pinzón (m)	[pin'θon]
dom-fafe (m)	camachuelo (m)	[kamatʃu'elʲo]
gaivota (f)	gaviota (f)	[ga'βjota]
albatroz (m)	albatros (m)	[alʲ'βatros]
pinguim (m)	pingüino (m)	[pingu'ino]

139. Peixes. Animais marinhos

brema (f)	brema (f)	['brema]
carpa (f)	carpa (f)	['karpa]
perca (f)	perca (f)	['perka]
siluro (m)	siluro (m)	[si'lʲuro]
lúcio (m)	lucio (m)	['lʲuθio]

salmão (m)	salmón (m)	[salʲ'mon]
esturjão (m)	esturión (m)	[estu'rjon]

arenque (m)	arenque (m)	[a'reŋke]
salmão (m) do Atlântico	salmón (m) del Atlántico	[salʲ'mon delʲ at'lʲantiko]
cavala, sarda (f)	caballa (f)	[ka'βaja]
solha (f), linguado (m)	lenguado (m)	[lengu'aðo]

lúcio perca (m)	lucioperca (f)	[lʲuθjo'perka]
bacalhau (m)	bacalao (m)	[baka'lʲao]
atum (m)	atún (m)	[a'tun]
truta (f)	trucha (f)	['trutʃa]

enguia (f)	anguila (f)	[an'gilʲa]
raia (f) elétrica	raya (f) eléctrica	['raja e'lektrika]
moreia (f)	morena (f)	[mo'rena]
piranha (f)	piraña (f)	[pi'ranja]

tubarão (m)	tiburón (m)	[tiβu'ron]
golfinho (m)	delfín (m)	[delʲ'fin]
baleia (f)	ballena (f)	[ba'jena]

caranguejo (m)	centolla (f)	[θen'toja]
água-viva (f)	medusa (f)	[me'ðusa]
polvo (m)	pulpo (m)	['pulʲpo]

estrela-do-mar (f)	estrella (f) de mar	[es'treja de mar]
ouriço-do-mar (m)	erizo (m) de mar	[e'riθo de mar]
cavalo-marinho (m)	caballito (m) de mar	[kaβa'jito de mar]

ostra (f)	ostra (f)	['ostra]
camarão (m)	camarón (m)	[kama'ron]
lagosta (f)	bogavante (m)	[boga'βante]
lagosta (f)	langosta (f)	[lʲan'gosta]

140. Anfíbios. Répteis

cobra (f)	serpiente (f)	[ser'pjente]
venenoso (adj)	venenoso (adj)	[bene'noso]

víbora (f)	víbora (f)	['biβora]
naja (f)	cobra (f)	['koβra]
píton (m)	pitón (m)	[pi'ton]
jiboia (f)	boa (f)	['boa]
cobra-de-água (f)	culebra (f)	[ku'leβra]

cascavel (f)	**serpiente** (m) **de cascabel**	[ser'pjente de kaska'βelʲ]
anaconda (f)	**anaconda** (f)	[ana'konda]

lagarto (m)	**lagarto** (m)	[lʲa'garto]
iguana (f)	**iguana** (f)	[igu'ana]
varano (m)	**varano** (m)	[ba'rano]
salamandra (f)	**salamandra** (f)	[salʲa'mandra]
camaleão (m)	**camaleón** (m)	[kamale'on]
escorpião (m)	**escorpión** (m)	[eskorpi'on]

tartaruga (f)	**tortuga** (f)	[tor'tuga]
rã (f)	**rana** (f)	['rana]
sapo (m)	**sapo** (m)	['sapo]
crocodilo (m)	**cocodrilo** (m)	[koko'ðrilʲo]

141. Insetos

inseto (m)	**insecto** (m)	[in'sekto]
borboleta (f)	**mariposa** (f)	[mari'posa]
formiga (f)	**hormiga** (f)	[or'miga]
mosca (f)	**mosca** (f)	['moska]
mosquito (m)	**mosquito** (m)	[mos'kito]
escaravelho (m)	**escarabajo** (m)	[eskara'βaχo]

vespa (f)	**avispa** (f)	[a'βispa]
abelha (f)	**abeja** (f)	[a'βeχa]
mamangaba (f)	**abejorro** (m)	[aβe'χoro]
moscardo (m)	**moscardón** (m)	[moskar'ðon]

aranha (f)	**araña** (f)	[a'ranja]
teia (f) de aranha	**telaraña** (f)	[telʲa'ranja]

libélula (f)	**libélula** (f)	[li'βelʲulʲa]
gafanhoto (m)	**saltamontes** (m)	[salʲta'montes]
traça (f)	**mariposa** (f) **nocturna**	[mari'posa nok'turna]

barata (f)	**cucaracha** (f)	[kuka'ratʃa]
carrapato (m)	**garrapata** (f)	[gara'pata]
pulga (f)	**pulga** (f)	['pulʲga]
borrachudo (m)	**mosca** (f) **negra**	['moska 'neɣra]

gafanhoto (m)	**langosta** (f)	[lʲan'gosta]
caracol (m)	**caracol** (m)	[kara'kolʲ]
grilo (m)	**grillo** (m)	['grijo]
pirilampo, vaga-lume (m)	**luciérnaga** (f)	[lʲu'θjernaga]
joaninha (f)	**mariquita** (f)	[mari'kita]
besouro (m)	**sanjuanero** (m)	[sanχwa'nero]

sanguessuga (f)	**sanguijuela** (f)	[sangiχu'elʲa]
lagarta (f)	**oruga** (f)	[o'ruga]
minhoca (f)	**lombriz** (m) **de tierra**	[lom'briθ de 'tjera]
larva (f)	**larva** (f)	['lʲarβa]

Flora

142. Árvores

árvore (f)	**árbol** (m)	['arβolʲ]
decídua (adj)	**foliáceo** (adj)	[foli'aθeo]
conífera (adj)	**conífero** (adj)	[ko'nifero]
perene (adj)	**de hoja perenne**	[de 'oχa pe'renne]
macieira (f)	**manzano** (m)	[man'θano]
pereira (f)	**peral** (m)	[pe'ralʲ]
cerejeira (f)	**cerezo** (m)	[θe'reθo]
ginjeira (f)	**guindo** (m)	['gindo]
ameixeira (f)	**ciruelo** (m)	[θiru'elʲo]
bétula (f)	**abedul** (m)	[aβe'ðulʲ]
carvalho (m)	**roble** (m)	['roβle]
tília (f)	**tilo** (m)	['tilʲo]
choupo-tremedor (m)	**pobo** (m)	['poβo]
bordo (m)	**arce** (m)	['arθe]
espruce (m)	**pícea** (f)	['piθea]
pinheiro (m)	**pino** (m)	['pino]
alerce, lariço (m)	**alerce** (m)	[a'lerθe]
abeto (m)	**abeto** (m)	[a'βeto]
cedro (m)	**cedro** (m)	['θeðro]
choupo, álamo (m)	**álamo** (m)	['alʲamo]
tramazeira (f)	**serbal** (m)	[ser'βalʲ]
salgueiro (m)	**sauce** (m)	['sauθe]
amieiro (m)	**aliso** (m)	[a'liso]
faia (f)	**haya** (f)	['aja]
ulmeiro, olmo (m)	**olmo** (m)	['olʲmo]
freixo (m)	**fresno** (m)	['fresno]
castanheiro (m)	**castaño** (m)	[kas'tanjo]
magnólia (f)	**magnolia** (f)	[maɣ'nolia]
palmeira (f)	**palmera** (f)	[palʲ'mera]
cipreste (m)	**ciprés** (m)	[θi'pres]
mangue (m)	**mangle** (m)	['mangl]
embondeiro, baobá (m)	**baobab** (m)	[bao'βaβ]
eucalipto (m)	**eucalipto** (m)	[euka'lipto]
sequoia (f)	**secoya** (f)	[se'koja]

143. Arbustos

arbusto (m)	**mata** (f)	['mata]
arbusto (m), moita (f)	**arbusto** (m)	[ar'βusto]

videira (f)	vid (f)	[bið]
vinhedo (m)	viñedo (m)	[bi'njeðo]
framboeseira (f)	frambueso (m)	[frambu'eso]
groselheira-negra (f)	grosellero (m) negro	[grose'jero 'neɣro]
groselheira-vermelha (f)	grosellero (m) rojo	[grose'jero 'roχo]
groselheira (f) espinhosa	grosellero (m) espinoso	[grose'jero espi'noso]
acácia (f)	acacia (f)	[a'kaθia]
bérberis (f)	berberís (m)	[berβe'ris]
jasmim (m)	jazmín (m)	[χaθ'min]
junípero (m)	enebro (m)	[e'neβro]
roseira (f)	rosal (m)	[ro'salʲ]
roseira (f) brava	escaramujo (m)	[eskara'muχo]

144. Frutos. Bagas

fruta (f)	fruto (m)	['fruto]
frutas (f pl)	frutos (m pl)	['frutos]
maçã (f)	manzana (f)	[man'θana]
pera (f)	pera (f)	['pera]
ameixa (f)	ciruela (f)	[θiru'elʲa]
morango (m)	fresa (f)	['fresa]
ginja (f)	guinda (f)	['ginda]
cereja (f)	cereza (f)	[θe'reθa]
uva (f)	uva (f)	['uβa]
framboesa (f)	frambuesa (f)	[frambu'esa]
groselha (f) negra	grosella (f) negra	[gro'seja 'neɣra]
groselha (f) vermelha	grosella (f) roja	[gro'seja 'roχa]
groselha (f) espinhosa	grosella (f) espinosa	[gro'seja espi'nosa]
oxicoco (m)	arándano (m) agrio	[a'randano 'aɣrio]
laranja (f)	naranja (f)	[na'ranχa]
tangerina (f)	mandarina (f)	[manda'rina]
abacaxi (m)	piña (f)	['pinja]
banana (f)	banana (f)	[ba'nana]
tâmara (f)	dátil (m)	['datilʲ]
limão (m)	limón (m)	[li'mon]
damasco (m)	albaricoque (m)	[alʲβari'koke]
pêssego (m)	melocotón (m)	[melʲoko'ton]
quiuí (m)	kiwi (m)	['kiwi]
toranja (f)	toronja (f)	[to'ronχa]
baga (f)	baya (f)	['baja]
bagas (f pl)	bayas (f pl)	['bajas]
arando (m) vermelho	arándano (m) rojo	[a'randano 'roχo]
morango-silvestre (m)	fresa (f) silvestre	['fresa silʲ'βestre]
mirtilo (m)	arándano (m)	[a'randano]

145. Flores. Plantas

| flor (f) | flor (f) | [flʲor] |
| buquê (m) de flores | ramo (m) de flores | ['ramo de 'flʲores] |

rosa (f)	rosa (f)	['rosa]
tulipa (f)	tulipán (m)	[tuli'pan]
cravo (m)	clavel (m)	[klʲa'βelʲ]
gladíolo (m)	gladiolo (m)	[glʲa'ðjolʲo]

centáurea (f)	aciano (m)	[a'θjano]
campainha (f)	campanilla (f)	[kampa'nija]
dente-de-leão (m)	diente (m) de león	['djente de le'on]
camomila (f)	manzanilla (f)	[manθa'nija]

aloé (m)	áloe (m)	['alʲoe]
cacto (m)	cacto (m)	['kakto]
fícus (m)	ficus (m)	['fikus]

lírio (m)	azucena (f)	[aθu'sena]
gerânio (m)	geranio (m)	[χe'ranio]
jacinto (m)	jacinto (m)	[χa'θinto]

mimosa (f)	mimosa (f)	[mi'mosa]
narciso (m)	narciso (m)	[nar'θiso]
capuchinha (f)	capuchina (f)	[kapu'ʧina]

orquídea (f)	orquídea (f)	[or'kiðea]
peônia (f)	peonía (f)	[peo'nia]
violeta (f)	violeta (f)	[bio'leta]

amor-perfeito (m)	trinitaria (f)	[trini'taria]
não-me-esqueças (m)	nomeolvides (f)	[nomeolʲ'βiðes]
margarida (f)	margarita (f)	[marga'rita]

papoula (f)	amapola (f)	[ama'polʲa]
cânhamo (m)	cáñamo (m)	['kanjamo]
hortelã, menta (f)	menta (f)	['menta]

| lírio-do-vale (m) | muguete (m) | [mu'gete] |
| campânula-branca (f) | campanilla (f) de las nieves | [kampa'nija de lʲas 'njeβes] |

urtiga (f)	ortiga (f)	[or'tiga]
azedinha (f)	acedera (f)	[aθe'ðera]
nenúfar (m)	nenúfar (m)	[ne'nufar]
samambaia (f)	helecho (m)	[e'letʃo]
líquen (m)	liquen (m)	['liken]

estufa (f)	invernadero (m)	[imberna'ðero]
gramado (m)	césped (m)	['θespeð]
canteiro (m) de flores	macizo (m) de flores	[ma'θiθo de 'flʲores]

planta (f)	planta (f)	['plʲanta]
grama (f)	hierba (f)	['jerβa]
folha (f) de grama	hoja (f) de hierba	['oχa de 'jerβa]

folha (f)	**hoja** (f)	['oχa]
pétala (f)	**pétalo** (m)	['petalʲo]
talo (m)	**tallo** (m)	['tajo]
tubérculo (m)	**tubérculo** (m)	[tu'βerkulʲo]

broto, rebento (m)	**retoño** (m)	[re'tonjo]
espinho (m)	**espina** (f)	[es'pina]

florescer (vi)	**florecer** (vi)	[flʲore'θer]
murchar (vi)	**marchitarse** (vr)	[martʃi'tarse]
cheiro (m)	**olor** (m)	[o'lʲor]
cortar (flores)	**cortar** (vt)	[kor'tar]
colher (uma flor)	**coger** (vt)	[ko'χer]

146. Cereais, grãos

grão (m)	**grano** (m)	['grano]
cereais (plantas)	**cereales** (m pl)	[θere'ales]
espiga (f)	**espiga** (f)	[es'piga]

trigo (m)	**trigo** (m)	['trigo]
centeio (m)	**centeno** (m)	[θen'teno]
aveia (f)	**avena** (f)	[a'βena]
painço (m)	**mijo** (m)	['miχo]
cevada (f)	**cebada** (f)	[θe'βaða]

milho (m)	**maíz** (m)	[ma'iθ]
arroz (m)	**arroz** (m)	[a'roθ]
trigo-sarraceno (m)	**alforfón** (m)	[alʲfor'fon]

ervilha (f)	**guisante** (m)	[gi'sante]
feijão (m) roxo	**fréjol** (m)	['freχolʲ]
soja (f)	**soya** (f)	['soja]
lentilha (f)	**lenteja** (f)	[len'teχa]
feijão (m)	**habas** (f pl)	['aβas]

PAÍSES. NACIONALIDADES

147. Europa Ocidental

Europa (f)	**Europa** (f)	[eu'ropa]
União (f) Europeia	**Unión** (f) **Europea**	[u'njon euro'pea]
Áustria (f)	**Austria** (f)	['austria]
Grã-Bretanha (f)	**Gran Bretaña** (f)	[gram bre'tanja]
Inglaterra (f)	**Inglaterra** (f)	[inglʲa'tera]
Bélgica (f)	**Bélgica** (f)	['belʲχika]
Alemanha (f)	**Alemania** (f)	[ale'mania]
Países Baixos (m pl)	**Países Bajos** (m pl)	[pa'ises 'baχos]
Holanda (f)	**Holanda** (f)	[o'lʲanda]
Grécia (f)	**Grecia** (f)	['greθia]
Dinamarca (f)	**Dinamarca** (f)	[dina'marka]
Irlanda (f)	**Irlanda** (f)	[ir'lʲanda]
Islândia (f)	**Islandia** (f)	[is'lʲandia]
Espanha (f)	**España** (f)	[es'panja]
Itália (f)	**Italia** (f)	[i'talia]
Chipre (m)	**Chipre** (m)	['tʃipre]
Malta (f)	**Malta** (f)	['malʲta]
Noruega (f)	**Noruega** (f)	[noru'ega]
Portugal (m)	**Portugal** (m)	[portu'galʲ]
Finlândia (f)	**Finlandia** (f)	[fin'lʲandia]
França (f)	**Francia** (f)	['franθia]
Suécia (f)	**Suecia** (f)	[su'eθia]
Suíça (f)	**Suiza** (f)	[su'isa]
Escócia (f)	**Escocia** (f)	[es'koθia]
Vaticano (m)	**Vaticano** (m)	[bati'kano]
Liechtenstein (m)	**Liechtenstein** (m)	[leχten'stejn]
Luxemburgo (m)	**Luxemburgo** (m)	[lʲuksem'burgo]
Mônaco (m)	**Mónaco** (m)	['monako]

148. Europa Central e de Leste

Albânia (f)	**Albania** (f)	[alʲˠβania]
Bulgária (f)	**Bulgaria** (f)	[bul'garia]
Hungria (f)	**Hungría** (f)	[un'gria]
Letônia (f)	**Letonia** (f)	[le'tonia]
Lituânia (f)	**Lituania** (f)	[litu'ania]
Polônia (f)	**Polonia** (f)	[po'lʲonia]

Romênia (f)	Rumania (f)	[ru'mania]
Sérvia (f)	Serbia (f)	['serβia]
Eslováquia (f)	Eslovaquia (f)	[eslʲo'βakia]

Croácia (f)	Croacia (f)	[kro'aθia]
República (f) Checa	Chequia (f)	['ʧekia]
Estônia (f)	Estonia (f)	[es'tonia]

Bósnia e Herzegovina (f)	Bosnia y Herzegovina	['bosnia i herθeχo'βina]
Macedônia (f)	Macedonia	[maθe'ðonja]
Eslovênia (f)	Eslovenia	[eslʲo'βenia]
Montenegro (m)	Montenegro (m)	[monte'neɣro]

149. Países da ex-URSS

| Azerbaijão (m) | Azerbaiyán (m) | [aθerβa'jan] |
| Armênia (f) | Armenia (f) | [ar'menia] |

Belarus	Bielorrusia (f)	[bjelʲo'rusia]
Geórgia (f)	Georgia (f)	[χe'orχia]
Cazaquistão (m)	Kazajstán (m)	[kaθaχs'tan]
Quirguistão (m)	Kirguizistán (m)	[kirgiθis'tan]
Moldávia (f)	Moldavia (f)	[molʲ'ðaβia]

| Rússia (f) | Rusia (f) | ['rusia] |
| Ucrânia (f) | Ucrania (f) | [u'krania] |

Tajiquistão (m)	Tayikistán (m)	[tajikis'tan]
Turquemenistão (m)	Turkmenistán (m)	[turkmenis'tan]
Uzbequistão (f)	Uzbekistán (m)	[uθbekis'tan]

150. Asia

Ásia (f)	Asia (f)	['asia]
Vietnã (m)	Vietnam (m)	[bjet'nam]
Índia (f)	India (f)	['india]
Israel (m)	Israel (m)	[isra'elʲ]

China (f)	China (f)	['ʧina]
Líbano (m)	Líbano (m)	['liβano]
Mongólia (f)	Mongolia (f)	[mon'golia]

| Malásia (f) | Malasia (f) | [ma'lʲasia] |
| Paquistão (m) | Pakistán (m) | [pakis'tan] |

Arábia (f) Saudita	Arabia (f) Saudita	[a'raβia sau'ðita]
Tailândia (f)	Tailandia (f)	[taj'lʲandia]
Taiwan (m)	Taiwán (m)	[taj'wan]
Turquia (f)	Turquía (f)	[tur'kia]
Japão (m)	Japón (m)	[χa'pon]
Afeganistão (m)	Afganistán (m)	[afganis'tan]

Bangladesh (m)	**Bangladesh** (m)	[bangl'a'ðeʃ]
Indonésia (f)	**Indonesia** (f)	[indo'nesia]
Jordânia (f)	**Jordania** (f)	[χor'ðania]

Iraque (m)	**Irak** (m)	[i'rak]
Irã (m)	**Irán** (m)	[i'ran]
Camboja (f)	**Camboya** (f)	[kam'boja]
Kuwait (m)	**Kuwait** (m)	[ku'wajt]

Laos (m)	**Laos** (m)	[lʲa'os]
Birmânia (f)	**Myanmar** (m)	[mjan'mar]
Nepal (m)	**Nepal** (m)	[ne'palʲ]
Emirados Árabes Unidos	**Emiratos** (m pl) **Árabes Unidos**	[emi'rates 'araβes u'niðos]

Síria (f)	**Siria** (f)	['siria]
Palestina (f)	**Palestina** (f)	[pales'tina]
Coreia (f) do Sul	**Corea** (f) **del Sur**	[ko'rea delʲ sur]
Coreia (f) do Norte	**Corea** (f) **del Norte**	[ko'rea delʲ 'norte]

151. América do Norte

Estados Unidos da América	**Estados Unidos de América** (m pl)	[es'tados u'niðos de a'merika]
Canadá (m)	**Canadá** (f)	[kana'ða]
México (m)	**Méjico** (m)	['meχiko]

152. América Central do Sul

Argentina (f)	**Argentina** (f)	[arχen'tina]
Brasil (m)	**Brasil** (m)	[bra'silʲ]
Colômbia (f)	**Colombia** (f)	[ko'lʲombia]

Cuba (f)	**Cuba** (f)	['kuβa]
Chile (m)	**Chile** (m)	['tʃile]

Bolívia (f)	**Bolivia** (f)	[bo'liβia]
Venezuela (f)	**Venezuela** (f)	[beneθu'elʲa]
Paraguai (m)	**Paraguay** (m)	[paragu'aj]
Peru (m)	**Perú** (m)	[pe'ru]

Suriname (m)	**Surinam** (m)	[suri'nam]
Uruguai (m)	**Uruguay** (m)	[urugu'aj]
Equador (m)	**Ecuador** (m)	[ekua'ðor]

Bahamas (f pl)	**Islas** (f pl) **Bahamas**	['islʲas ba'amas]
Haiti (m)	**Haití** (m)	[ai'ti]

República Dominicana	**República** (f) **Dominicana**	[re'puβlika domini'kana]
Panamá (m)	**Panamá** (f)	[pana'ma]
Jamaica (f)	**Jamaica** (f)	[χa'majka]

153. Africa

Egito (m)	Egipto (m)	[e'χipto]
Marrocos	Marruecos (m)	[maru'ekos]
Tunísia (f)	Túnez (m)	['tuneθ]
Gana (f)	Ghana (f)	['gana]
Zanzibar (m)	Zanzíbar (m)	[θan'θiβar]
Quênia (f)	Kenia (f)	['kenia]
Líbia (f)	Libia (f)	['liβia]
Madagascar (m)	Madagascar (m)	[maðagas'kar]
Namíbia (f)	Namibia (f)	[na'miβia]
Senegal (m)	Senegal (m)	[sene'galʲ]
Tanzânia (f)	Tanzania (f)	[tan'θania]
África (f) do Sul	República (f) Sudafricana	[re'puβlika suð·afri'kana]

154. Austrália. Oceania

Austrália (f)	Australia (f)	[aus'tralia]
Nova Zelândia (f)	Nueva Zelanda (f)	[nu'eβa θe'lʲanda]
Tasmânia (f)	Tasmania (f)	[tas'mania]
Polinésia (f) Francesa	Polinesia (f) Francesa	[poli'nesia fran'θesa]

155. Cidades

Amesterdã, Amsterdã	Ámsterdam	['amsterðam]
Ancara	Ankara	[aŋ'kara]
Atenas	Atenas	[a'tenas]
Bagdade	Bagdad	[baɣ'ðað]
Bancoque	Bangkok	[baŋ'kok]
Barcelona	Barcelona	[barθe'lʲona]
Beirute	Beirut	[bej'rut]
Berlim	Berlín	[ber'lin]
Bonn	Bonn	[bon]
Bordéus	Burdeos	[bur'ðeos]
Bratislava	Bratislava	[brati'slʲaβa]
Bruxelas	Bruselas	[bru'selʲas]
Bucareste	Bucarest	[buka'rest]
Budapeste	Budapest	[buða'pest]
Cairo	El Cairo	[elʲ 'kajro]
Calcutá	Calcuta	[kalʲ'kuta]
Chicago	Chicago	[tʃi'kago]
Cidade do México	Ciudad de México	[θju'ðað de 'meχiko]
Copenhague	Copenhague	[kope'nage]
Dar es Salaam	Dar-es-Salam	[dar·es·sa'lʲam]
Deli	Delhi	['deli]

Dubai	**Dubai**	[du'βaj]
Dublim	**Dublín**	[du'βlin]
Düsseldorf	**Dusseldorf**	['dusselʲðorf]
Estocolmo	**Estocolmo**	[esto'kolʲmo]
Florença	**Florencia**	[flʲo'renθia]
Frankfurt	**Fráncfort del Meno**	['fraŋkfort delʲ 'meno]
Genebra	**Ginebra**	[χi'neβra]
Haia	**la Haya**	[lʲa 'aja]
Hamburgo	**Hamburgo**	[am'burgo]
Hanói	**Hanói**	[a'noi]
Havana	**La Habana**	[lʲa a'βana]
Helsinque	**Helsinki**	[χelʲsiŋki]
Hiroshima	**Hiroshima**	[iro'ʃima]
Hong Kong	**Hong Kong**	[χoŋ 'koŋ]
Istambul	**Estambul**	[estam'bulʲ]
Jerusalém	**Jerusalén**	[χerusa'len]
Kiev, Quieve	**Kiev**	['kiev]
Kuala Lumpur	**Kuala Lumpur**	[ku'alʲa lʲum'pur]
Lion	**Lyon**	[li'on]
Lisboa	**Lisboa**	[lis'βoa]
Londres	**Londres**	['lʲondres]
Los Angeles	**Los Ángeles**	[los 'anχeles]
Madrid	**Madrid**	[ma'ðrið]
Marselha	**Marsella**	[mar'seja]
Miami	**Miami**	['mijami]
Montreal	**Montreal**	[montre'alʲ]
Moscou	**Moscú**	[mos'ku]
Mumbai	**Mumbai**	[mum'baj]
Munique	**Múnich**	['mʲunik]
Nairóbi	**Nairobi**	[naj'roβi]
Nápoles	**Nápoles**	['napoles]
Nice	**Niza**	['niθa]
Nova York	**Nueva York**	[nu'eβa 'jork]
Oslo	**Oslo**	['oslʲo]
Ottawa	**Ottawa**	[ot'taβa]
Paris	**París**	[pa'ris]
Pequim	**Pekín**	[pe'kin]
Praga	**Praga**	['praga]
Rio de Janeiro	**Río de Janeiro**	['rio de χa'nejro]
Roma	**Roma**	['roma]
São Petersburgo	**San Petersburgo**	[san peters'βurgo]
Seul	**Seúl**	[se'ulʲ]
Singapura	**Singapur**	[singa'pur]
Sydney	**Sydney**	['siðnej]
Taipé	**Taipei**	[taj'pej]
Tóquio	**Tokio**	['tokio]
Toronto	**Toronto**	[to'ronto]
Varsóvia	**Varsovia**	[bar'soβia]

Veneza	**Venecia**	[be'neθia]
Viena	**Viena**	['bjena]
Washington	**Washington**	['waʃiŋton]
Xangai	**Shanghái**	[ʃan'gaj]